L'AUBE UN JOURNAL D'INSPIRATION CHRÉTIENNE DANS LA TOURMENTE ET L'ESPÉRANCE DES ANNÉES 1930 — JUIN 1936 – AOÛT 1938 —

ISBN:	978-1-925438-05-5	L'Aube 1936-1938	softcover
	978-1-925438-06-2	L'Aube 1936-1938	hardback
	978-1-925438-07-9	L'Aube 1936-1938	epub
	978-1-925438-09-3	L'Aube 1936-1938	pdf

Layout by Extel Solutions, India

FRANCE

www.atffrance.com
ATF France est une empreinte de ATF (Australia) Ltd
PO Box 504
Hindmarsh, SA 5007
Australie
ABN 90 116 359 963
www.atfpress.com
nouveaux horizons

L'AUBE
UN JOURNAL D'INSPIRATION CHRÉTIENNE DANS LA TOURMENTE ET L'ESPÉRANCE DES ANNÉES 1930
— JUIN 1936 – AOÛT 1938 —

Introduction et choix de textes par
Jean-Michel Cadiot

ATF
FRANCE

2017

INTRODUCTION
Du Front Populaire À Munich

L'aube a accordé un préjugé favorable au Front populaire, a salué son bilan social. Mais il n'a pas soutenu directement l'élan politique qui l'a créé. Politiquement, l'aube œuvrait pour ce que Francisque Gay appelait « le rassemblement des forces démocratiques d'inspiration chrétienne ». Or, ces forces étaient constituées principalement de deux partis politiques, faiblement représentés à la Chambre des députés, mais néanmoins influents : la Jeune République et le Parti démocrate-populaire. Tous deux étaient nés du Sillon, même si Marc Sangnier ne participa qu'à l'un des deux, la Jeune République, qu'il fonda en 1912. Francisque Gay aussi en fit partie quelques années. La « JR » précisément, était non seulement favorable au Front populaire (qu'elle appelait « Rassemblement populaire ») et compta même des membres au gouvernement dont Philippe Serre. En revanche le PDP était sinon opposé, du moins réticent. Cette divergence se ressent à la lecture du journal, cela frise parfois la polémique, mais toujours avec le souci que l'expérience réussisse.

Nous sentons que la CFTC cherche sa place dans le mouvement social, non comme un « frein », en rien, mais comme une volonté d'éviter tout débordement, et d'empêcher par tout moyen l'hégémonie de la CGT.

Cette période est aussi celle de la guerre d'Espagne. Francisque Gay, qui avait fort bien connu l'Espagne pendant la guerre de 1914-1918, ouvrant un bureau à Barcelone, était, comme les journalistes de *L'aube*, partisan de la République. Tous espéraient que la République et l'Église parviendraient à se comprendre, comme en France, mieux qu'en France. Si *L'aube* a bien accueilli la victoire du *Frente popular*, en février 1936 et condamné le putsch de Mola et Franco de juillet, les crimes contre les religieux, en particulier à Barcelone pendant l'été 1936 ont donné lieu à de nombreux articles, reportages, analyses de condamnation. Cherchant parfois à montrer une position équilibrée, poussé par certains milieux catholiques à ne pas trop condamner Franco, qui se disait lui-même catholique, le cœur de *L'aube* a toutefois toujours été du côté républicain. Cela s'est illustré notamment dans des articles consacrés à Guernica. L'aube nous apporte aussi une passionnante interview du député chrétien de Bilbao Robles Arangiz, interrogé par Paul Vignaux — qui sera plus tard l'un des principaux créateurs de la CFDT —, qui appelle à l'aide les démocraties occidentales, et fait l'éloge du dirigeant socialiste Indalecio Prieto.

L'expansion nazie a également mobilisé chaque jour les journalistes de *L'aube*. Pour *L'aube*, comme l'ont montré tant d'articles de Sturzo, Bidault, Terrenoire, c'est plus que l'Europe qui est troublée, menacée, c'est la civilisation chrétienne qui est directement attaquée.

L'aube, même si ses membres sont partagés entre leur pacifisme jamais désespéré et la nécessité d'envisager la guerre, donc d'en accepter la préparation, ne cesse de dénoncer les abandons. Bidault y insiste sans arrêt. Germaniste et amoureuse de l'Allemagne et de la culture allemande, Jeanne Ancelet-Hustache crie parfois son désespoir, et se refuse toujours de se résigner.

Les mesures antisémites sont rapportées et l'aube exprime à de multiples occasions sa solidarité avec les juifs, appelant à leur venir en aide.

Après l'Anschluss, l'aube voit poindre l'abandon de la Tchécoslovaquie et rappelle les engagements de la France.

Cette période est également consacrée au combat contre l'Action française, un combat qui ne se fatigua jamais, et qui était pour *L'aube* consubstantiel de son christianisme, Maurras étant à ses yeux aux antipodes de ses idées. Cette polémique permanente avec l'AF, que nombre de milieux catholiques trouvaient stérile, dépassée, a pu écarter un lectorat enthousiaste en 1932, puis que ces années 1937-1938 virent une baisse des abonnements. Mais pour l'équipe dirigeante, cette constance — cet acharnement disent ses détracteurs

— n'est pas négociable. Les faits lui donneront raison quelques mois plus tard, quand Maurras sera devenu l'idéologue de la « révolution nationale » pétainiste, poursuivant sans cesse de sa vindicte et de ses citations à comparaître tant Francisque Gay que Georges Bidault.

Jean-Michel Cadiot

ANNÉE 1936

N° 1264 — 26-27 JUILLET 1936

Au-delà des vacances, la tâche à poursuivre

Il n'est pas tolérable qu'aux heures où la nation s'engage audacieusement dans les voies nouvelles, les journaux qui font l'opinion vivent sous la tutelle de mystérieux mécènes.

Dix partis relativement importants ne disposent pour distribuer leurs directives à leurs troupes d'aucun quotidien parisien à diffusion nationale.

L'opinion publique est ainsi laissée sous la direction à peu près exclusive de la presse d'information commercialisée, placée elle-même dans la dépendance des consortiums de publicité, d'assurances et de finances. En face de ces journaux à gros tirage, que peuvent nos modestes journaux doctrinaux, nous disent certains qui témoignent pourtant, en d'autres domaines, d'un jugement sûr ? Que peut un journal d'opinion ? Et la question est posée, chez nous, dans ce pays, qui se souvient de l'action prestigieuse de l'*Avenir* et de l'*Univers*, dans ce pays qui a subi l'emprise des Clemenceau et des Rochefort ou des Cassagnac et des Drumont.

Qu'on interroge donc les journalistes, les parlementaires, les hommes de gouvernement, les animateurs de partis ; mais ils vous diront que s'ils feuillettent la grande presse ils ne lisent vraiment que les éditoriaux des journaux qui s'adressent d'abord à eux. Négliger la presse d'information parce que la presse d'information atteint les foules, reviendrait à supprimer le Collège de France parce qu'il reçoit moins d'étudiants que l'école primaire ne compte d'élèves.

[...]

Oui, oui, et oui, nous répéterons, nous rabâcherons jusqu'à ce que chacun de nos électeurs partage notre angoisse : en 1926, il existait quarante quotidiens ; en 1936, il n'y en a plus qu'une trentaine. En dix ans, dix expériences nouvelles ont avorté. Vous ne sentez pas que, lorsqu'on lui apporte ces précisions, toute la masse de nos militants informés frémit ? Comment, nous qui, contre les prédictions des augures, contre les prévisions des amis, avons pu mettre notre organe d'aplomb, lui faire traverser la période difficile de la petite enfance et les passes les plus périlleuses d'une époque politique extraordinairement troublée (élections de 1932, le 6 février, les Ligues, la victoire du Front populaire, etc…) nous ne saurions pas le maintenir ? Je ne puis vraiment croire qu'il y ait encore dans nos milieux des hommes avertis qui n'aient pas enfin su apprécier l'action lente mais décisive exercée par notre modeste organe. En existe-t-il qui s'imagineraient que si la victoire du Front populaire ne s'est pas accompagnée des mêmes manifestations antireligieuses que la victoire du cartel en 1924, *L'aube* n'y serait pour rien ? […] Après nous être penchés, sans ironie, sur les textes de « Nouvel âge », nous éprouverons aujourd'hui quelque émotion à constater la faillite de l'entreprise Coty. Et nous apprécierons mieux ainsi l'admirable valeur de grande mutuelle que nous constituons tous ; avec plus de cœur, plus d'ardeur, nous ferons des vacances de *L'aube*, de notre sacrifice provisoire l'occasion d'un bond en avant, loin vers ces horizons où notre aube déjà illumine les premières assises de l'ordre nouveau.

Francisque Gay

N° 1267 — 18 AOÛT 1936

La leçon du sang

Chaque jour qui passe nous apporte d'Espagne sa moisson de nouvelles sanglantes. Les bornes de l'horreur semblent avoir été reculées et le monde assiste avec effroi à une surenchère de massacre, comme l'histoire des temps les plus sinistres n'en a guère connu de semblables. Un tel spectacle où nulle place ne subsiste pour la fragile espérance devrait enseigner à tous le prix de la modération en politique et le terrible danger du fanatisme. On constate avec regret et avec inquiétude que beaucoup de gens font des réflexions fort différentes. L'enthousiasme et la colère tournent trop de têtes pour que nous nous dispensions d'en marquer notre alarme. Il y a de par l'Europe une si forte tension d'énergie, prête à se déchaîner presque au hasard que la folie même et le crime ne résistent pas à la violence d'un attrait vertigineux qu'ils inspirent à notre époque.

Il s'agit pourtant de savoir si nous sauverons cet idéal de fraternité sans lequel notre civilisation est tout entière condamnée à périr après s'être déshonorée. Pour cela, il faudrait que chacun comprenne quel difficile et permanent miracle représente le maintien de l'ordre, de la paix entre citoyens comme entre nations. Il n'y a plus d'assurance certaine qu'aucun pays soit désormais à l'abri d'aucun péril. Nous nous berçons depuis trop longtemps de mots d'ordre lénifiants régulièrement démentis sur les caractères spécifiquement russe, italien, allemand ou espagnol des phénomènes que nous voyons. Il est temps de ne plus s'endormir parmi le fracas des canons sur l'oreiller de si molles illusions. La démence est contagieuse, la violence est contagieuse. Sachons-le et prenons en garde car il faut que le calvaire de l'Espagne serve au moins à nous préserver d'aussi atroces épreuves. Nous savons jusqu'où peut aller le désordre une fois qu'il a commencé. Nous savons jusqu'où peut aller la violence une fois qu'elle est à l'œuvre. Mettons donc au rang des parricides quiconque travaillerait à déchaîner l'un ou l'autre, si peu que ce soit de l'un ou de l'autre.

Georges Bidault

N° 1283 — 5 SEPTEMBRE 1936

Comment on prétend justifier ce qu'on a clairement avoué

Hier, nous avons insisté plus particulièrement sur les aveux que des hommes comme Azana, président de la République espagnole, ou Companys, président de la Generalidad, ont faits à des intellectuels communistes comme Jean Cassou ou Jean-Richard Bloch. Cette fois, nous ne sommes plus en présence de nouvelles tendancieuses venant de l'autre front. Nous tenons des témoignages précis, irrécusables, accablants. On ne tente même point de discuter la matérialité des faits, d'atténuer l'horreur de certains détails, d'invoquer une culpabilité qui aurait été reconnue, par jugement des victimes. Oui, toutes les églises d'une ville comme Barcelone ont bien été brûlées, la cathédrale exceptée. Oui, il y a eu des exécutions sommaires de prêtres et on s'en tire avec une pirouette, rappelant le mot odieux qui se répète sous d'autres formes dans toutes les guerres de religion : « Tuez-les tous, Dieu reconnaîtra les siens. »

On tient à nous faire savoir expressément que, contrairement à ce qui avait été dit, contrairement à ce que beaucoup en France, dont nous, s'efforçaient de croire, il ne s'agit pas d'actes de bandes irrégulières que l'état de guerre civile déclenché par les insurgés n'aurait pas permis de réprimer. On accepte, on proclame la solidarité totale existant entre tous les militants du Front populaire, et, en goguenardant, des communistes français nous disent que, fort probablement, après les fascistes et les curés, les anarchistes régleront, à leur manière, le compte des socialo-communistes [...].

D'abord, et avant tout, tous ces apologistes usent du même leitmotiv : c'est l'Église, symbole visible de l'oppression populaire, c'est la solidarité existant entre des catholiques et le capitalisme et le fascisme — au passage, on reconnaît qu'il y en a qui se sont montrés sincères amis du peuple [...].

Et nous avons vu l'apologie de ces odieux attentats, alors que nous recevions le communiqué du secrétariat du parti communiste à propos de la mascarade de Garches [...].

Mais raison de plus pour que nous vous disions, et à vous plus particulièrement, monsieur Thorez, ne comprenez-vous pas qu'il est mille fois plus nécessaire encore de désavouer nettement, vigoureusement, sans réticences, les crimes commis là-bas contre les prêtres, les religieux, les églises et les couvents et l'apologie effarante qui en a été tentée ?

Désavouer une mascarade de kermesse, c'est bien, c'était nécessaire. Il est singulièrement plus important de flétrir des attentats qui ne devraient pas révolter seulement les vrais chrétiens, mais tous ceux qui veulent être pris au sérieux lorsque, avec une ferveur de néophytes, ils préconisent la réconciliation des Français. Il serait encore mieux que, de toute leur force, de toute leur autorité, les chefs du parti communiste s'emploient à faire abandonner par leurs amis espagnols des pratiques qui, à travers le monde, dressent contre eux l'unanimité des catholiques.

Francisque Gay

N° 1296 — 20-21 SEPTEMBRE 1936

Le signe

Parti d'Italie, il a envahi l'Europe comme une lèpre. Il a ensanglanté l'Espagne. Il commence aujourd'hui d'atteindre la France. Où que vous soyez, qui que vous soyez, il vous poursuit. Vous ne pouvez plus garder vos mains dans vos poches. Il faut que vous manifestiez le parti que vous avez pris, le dieu que vous voulez adorer, en levant le bras. Encore quelques mois et il vous faudra absolument, de gré ou de force, au risque de votre vie, choisir entre le salut fasciste, à la romaine ou le poing tendu des marxistes. Feuilletez les journaux illustrés, contemplez les photographies qu'ils publient si complaisamment, et vous verrez bien que l'Occident, saisi d'une folie collective, renonce à la liberté ou s'abandonne à la haine.

Hitler arrive à Nuremberg pour haranguer les cinq cent mille jeunes hommes armés en vue d'on ne sait quelle aventure. Il se tient debout sur le marchepied de sa voiture automobile et il lève la main vers cette forêt de bras tendus qui l'accueillent, l'environnent et l'abritent. Voici maintenant la place de la Généralité à Barcelone. Autour des camions blindés qui partent vers Saragosse les miliciens en armes lèvent vers le ciel leur poing tendu. Mussolini parle-t-il à Rome ? Le reporter photographique ne manquera pas de fixer pour les deux millions de lecteurs de *Paris-Soir* le spectacle de cette foule italienne qui sut autrefois flâner et goûter la douceur de vivre mais qui est aujourd'hui courbée vers le balcon où le dieu daigne de temps en temps paraître. Quand Léon Blum vient à Lille arbitrer le conflit du textile, il salue les ouvriers flamands de son poing fermé.

J'examine ces photographies, je contemple ces hommes massés qui, parce qu'ils ne savent plus quoi faire de leurs mains, se laissent aller à la guerre civile et je sens monter en moi une irrésistible protestation. J'analyse les sentiments qui m'animent et j'arrive peu à peu à découvrir que mon refus d'accepter fascisme ou communisme est conforme à la tradition française la plus pure. Je comprends mieux alors pourquoi notre pays, le dernier de l'Europe continentale, hésite encore à s'abandonner et quelles forces obscures, impérieuses, inconscientes le travaillent et l'arrêtent au bord de l'abîme.

La France est un pays d'agriculteurs, d'intellectuels et d'artisans. Les hommes qui la composent ont toujours dans leur grande majorité travaillé de leurs mains, de leur cerveau, avec goût et intelligence. Dans ses souvenirs de France, Kipling fait remarquer avec un sourire que chez nous tout le monde travaille, les hommes, les femmes, les enfants, les bêtes même. Le verbe « faire » est le mot qui revient le plus souvent dans notre vocabulaire. Aussi longtemps que chaque Français aura un bout de jardin à bêcher, un livre à feuilleter, un matériau à travailler, il restera un homme libre, il refusera d'adorer les faux dieux, il répugnera aux mouvements de masse, il saura quoi faire de ses mains et il les emploiera à des travaux pacifiques : à défricher, à transformer, à embellir, à civiliser. Si vous l'interrompez dans son travail, s'il laisse la bêche, la pioche, le livre ou l'établi son premier geste sera pour vous tendre la main car cette race laborieuse est en même temps une race polie.

La France est aussi un vieux pays catholique. Le christianisme est pour elle une habitude si ancienne que soixante ans de radicalisme n'ont pas pu l'en délivrer. Dans mon village, les gens ne vont plus guère à la messe, mais ils montrent encore du doigt « l'homme qui n'a pas été baptisé ». Et cela est plein de conséquences. Huit sur dix des Français ont été à leur entrée dans la vie portés à l'église. Sur leur figure congestionnée d'enfant criard, pendant que la mère enlevait les langes, un prêtre a de ses gros doigts maladroits tracé la marque ineffaçable, celle qui rappelle le grand sacrifice et qui les faisait libres et dignes d'amour. De quel autre signe de ralliement ont-ils besoin ?

Georges Hourdin

N° 1319 — 17 OCTOBRE 1936

En marge d'un discours

Le récent discours du souverain belge, sa volonté de se retirer du pacte locarnien, l'approbation qu'il en reçoit d'à peu près tout son peuple sont des réalités propres à nous ouvrir les yeux si nous avions encore des illusions sur la psychologie de l'Europe à notre égard.

D'abord le passage du discours relatif à nos dissensions intérieures et à leurs conséquences possibles. Ces dissensions, quelque blâme que méritent les outrances auxquelles elles portent les deux parties extrêmes, ont pour origine les revendications des humbles, leur exigence, non seulement du droit à la vie, droit dont il faut bien convenir que les privilégiés n'ont pas pour tradition de l'octroyer de bon cœur. Or, ces revendications continuent d'inquiéter les trois quarts de l'Europe et l'État qui les prend en considération trop sympathique devient l'objet d'une méfiance quasi mondiale. Le cas de la France est même de ce point de vue, beaucoup plus mauvais aujourd'hui qu'en 1789. À cette époque, elle avait contre elle les rois, mais pour elle les nations. Aujourd'hui elle a contre elle les nations. Dans presque toutes, les bourgeoisies ploutocratiques ont renversé la monarchie absolue pour reprendre à leur compte le sens du privilège et par suite la haine pour la nation qui les fait de temps à temps comparaître — du moins elles le craignent — à la barre de la justice sociale. Sachons le voir : la France de la Déclaration des Droits de l'Homme — et non pas du bourgeois nanti — n'a point cessé de dresser contre elle à peu près le monde entier.

Un autre aspect du discours royal nous fait réfléchir : la Belgique refuse de se lier par un pacte qui pourrait la mener à la guerre. On laisse entendre ici une guerre qui se ferait au nom des doctrines marxistes et, de ce fait, on s'acquiert le suffrage de beaucoup de bons esprits. Mais d'autres — l'Amérique, une certaine Angleterre — envisagent fort bien une guerre qu'on engagerait au nom des plus purs principes libéraux, pour sauver la nation continentale qui les représente, écraser l'agresseur et sa morale de proie ; sur quoi, ils déclarent formellement que même dans une telle guerre, ils repoussent de toute leur force le risque d'être entraînés. En d'autres termes, tous proclament qu'ils n'agiront que s'ils sont attaqués eux-mêmes et non pour un principe, qu'ils trouvent fort beau, mais qui joue son existence dans un autre pays.

La proclamation me semble d'ailleurs platonique. Il est clair que si, par exemple, l'Allemagne envahissait encore une fois la Belgique, il faudrait bien que celle-ci, à moins qu'elle renonce à son indépendance, admît pour se défendre de se faire l'alliée de la France. Ce qui me paraît grave, ce n'est pas qu'on ne porte pas secours à la France, je tiens qu'on y sera forcé ; c'est qu'on en exprime l'intention. Et notons bien où est le nouveau. Il n'est pas dans la volonté des nations de ne savoir que leur intérêt, de refuser de le compromettre pour sauvegarder un idéal. Les princes du Moyen Âge n'arrêtaient pas de se dérober à la croisade que leur prêchait la Papauté pour le primat d'un idéal. Mais ils n'en convenaient pas, assuraient tous qu'ils allaient partir en Terre Sainte, étaient honteux de leur égoïsme. Ceux d'aujourd'hui en sont fiers. Et on nie le progrès !

Julien Benda

N° 1320 — 18-19 OCTOBRE 1936

Un appel de Marc Sangnier à tous les républicains

N'avons nous pas assez flétri les violences sanglantes d'Hitler et de Mussolini contre les communistes et les juifs, dénoncé les abominations des pogromes de l'Europe orientale, condamné même les odieuses brutalités dont souffrent encore trop souvent les indigènes dans nos colonies pour que nos lèvres ne soient pas scellées par le bâillon d'un lâche silence, lorsque les victimes sont les catholiques d'Espagne ou du Mexique, aussi bien que les non-conformistes de a Russie des Soviets.

Ayons le courage de la pensée et de la parole ! La paix exige de nous cette vaillance. Puisque, aujourd'hui, le monde est peut-être plus menacé de guerre civile que de guerre étrangère, puisque celle-ci risque, en somme, de n'être si elle doit rouvrir les charniers internationaux qu'une forme élargie de celle-là, appliquons à l'intérieur même de la France notre méthode de préparation psychologique de la paix, en empêchant les partis de se dresser les uns contre les autres dans de brutales formations de haines partisanes… et pour cela, essayons de comprendre l'adversaire, qu'il soit français ou étranger. Découvrons partout le fonds commun d'humanité par où les hommes peuvent communier ensemble. Comme je l'ai répété dans les meetings du Front populaire, ne crions pas : « De La Rocque au poteau ! » mais bien plutôt : « La haine au poteau ! » Que ceux qui se disent aujourd'hui nos ennemis finissent par comprendre que nous voulons qu'eux aussi parviennent un jour à bénéficier du fruit et de la joie de nos pacifiques victoires ! »

Marc Sangnier
(appel paru précédemment dans l'Éveil des peuples)

N° 1324 — 23 OCTOBRE 1936

Idéalisme abstrait et idéalisme concret

[…]

La brutalité ne convertit pas. Pas plus celle des thèses que celle des gestes. Un autre me demande si l'histoire ne fournirait pas des exemples de cas où le respect rigoureux du droit s'est trouvé utile, même politiquement, à ceux qui s'en inspiraient. Je réponds que je n'en doute pas. Mais je réponds aussi qu'ainsi engagé le débat risque toujours de finir à l'avantage du « réaliste » ; car il aura tôt fait de nous donner des exemples du contraire.

Je réponds enfin et surtout que ce qui doit nous intéresser, ce n'est pas de savoir si les idées garderont ou non leur pureté métaphysique, ni si les programmes garderont ou non leur efficacité politique, mais si dans es âmes des germes de vie nouvelle ont été déposés et ont pu mûrir, qui un jour ou l'autre trouveront leur voie et porteront leur fruit. Songeons aux problèmes qui nous tiennent tous à la gorge

Songeons aux problèmes qui nous tiennent tous à la gorge. Où est le pacifiste qui peut vraiment vouloir la paix à tout prix ? Où est le « juridiciste » qui peut vraiment vouloir le droit à tout prix ? L'affaire d'Éthiopie a fait valoir ce qu'il advenait de l'un et de l'autre. L'idéalisme de l'esprit ne se réjouira certes pas de ces défaites de l'idéalisme de la lettre. Il sera certainement gardé du désespoir, s'il est vrai qu'à travers ces défaites quelque chose tout de même naît et grandit dans les cœurs, qui prépare nos revanches futures.

On m'objectera encore, je m'en doute, que, d'un tel point de vue, le passage reste glissant vers ces compromissions qui prennent si aisément l'apparence et le langage de la charité. Eh bien ! Soit. Aucune compromission ne me semble aussi périlleuse que celle à quoi je disais plus haut, l'idéalisme abstrait finalement acculé : voir dans la justice la loi de la pensée, mais non de l'action ; prendre son parti de ce que les tables des valeurs ne soient pas « appliquées » dès lors qu'elles sont « honorées ». Dernière approximation, pour une pensée que je souffre de n'avoir pas encore rendue assez claire : les lois sont-elles faites pour les êtres, ou les êtres pour les lois ?

Au fait, puisque c'est M. Benda qui nous a mis en émoi serait-il outrecuidant de le demander : qu'en pense M. Benda ?

Paul Archambault

N° 1330 — 30 OCTOBRE 1936

Réflexions sur l'antisémitisme

Il nous faut flétrir l'antisémitisme à la fois au nom du cœur et au nom de la raison. Au nom du cœur d'abord : les israélites français sont d'authentiques Français installés chez nous depuis des générations. Ils ont les mêmes intérêts que nous, ils ont bénéficié de nos libertés, ils ont souffert avec nous. Mêlés aux autres membres de la nation, ils ont versé leur sang pour défendre le sol de la patrie. Comment pourrions-nous laisser insulter les pères, les frères, les enfants de ceux qui sont morts en défendant le patrimoine commun ?

[...]

Enfin, l'accession au pouvoir de M. Léon Blum a servi de prétexte à un redoublement de l'activité antisémite. On parle de gouvernement juif, de France juive. Langage absurde. M. Blum, député, n'a guère été choisi en tant que membre de la communauté juive, mais en tant que membre d'un parti politique, le parti socialiste. Il n'a pas été élu par les juifs, mais par les citoyens de Narbonne, circonscription où, sur 16.000 électeurs, il n'y a sans doute pas cinquante juifs. Quant à M. Blum, président du Conseil, comment la communauté juive pourrait-elle être tenue pour responsable de ses actes politiques ? Les protestants étaient-ils responsables des agissements de M. Doumergue ? Si M. Marcel Cachin parvenait demain au pouvoir, faudrait-il incriminer les Bretons, sous prétexte que M. Cachin est né en Bretagne ? Et dans le passé M. Laval parlait-il en tant que président du Conseil ou en tant qu'Auvergnat ? M. Blum, les erreurs qu'il pourra commettre ou les améliorations qu'il pourra réaliser n'engagent que lui-même et les partis politiques qui lui ont confié la direction des affaires publiques.

L'antisémitisme est une doctrine de division. Nul ne peut se dire patriote s'il essaie de dresser des Français contre d'autres Français. L'étranger nous observe. Cessons de nous injurier. Restons unis.

Robert Boudeville

N° 1338 — 8-9 NOVEMBRE 1936

Le personnalisme [1]

Qu'est-ce que le personnalisme ? « Nous appelons personnaliste toute doctrine, toute civilisation affirmant le primat de la personne

---

1. À propos de l'ouvrage d'E. Mounier, *Manifeste au service du personnalisme.*

humaine sur les nécessités matérielles et sur les appareils collectifs qui soutiennent son développement » (p. 7).

On ne se pose pas qu'en s'opposant. Le personnalisme s'oppose d'abord au monde moderne qui, sous des formes diverses et par des moyens variés, tend toujours à l'asservissement, sinon même à l'anéantissement de la personne. Mais, positivement, après une période où il n'a guère pu que critiquer, le personnalisme prétend bien être le principe d'une civilisation nouvelle et d'un monde meilleur. Il ne s'agit pas d'une résurrection honteuse de l'ancien individualisme. Au contraire, tandis que l'individu est à la fois dispersion et avarice, la personne est maîtrise et choix, générosité. Plus profondément encore elle est présence et engagement, vocation. Contre un faux libéralisme, les fascistes comme les communistes ont bien vu que la personne ne pouvait se réaliser que par un choix, une adhésion ; mais parce qu'ils ruinent ou méconnaissent la liberté de ce choix, cette adhésion risque de n'être qu'une adhérence qui subordonne plus ou moins entièrement l'homme complet, et surtout l'homme privé à l'homme collectif. La Cité personnaliste, ni n'imposera le choix comme la Cité communiste ou fasciste, ni ne le rendra à peu près impossible, comme la Cité libérale et bourgeoise, mais l'aidera, en réalisant ses conditions individuelles et sociales, sans pourtant violer la liberté personnelle. Fascisme et communisme s'imaginent réagir contre l'individualisme libéral ; ils ne sont en réalité que des individualismes collectifs. Le personnalisme seul est communautaire — et peut-être se rappelle-t-on ce que nous avons écrit ici même à propos de Révolution personnaliste et communautaire du même auteur.

Le personnalisme est déjà assez ancien pour ne pas se cantonner dans les principes. Aussi, de la page 90 à la page 225, Mounier peut-il esquisser les structures maîtresses d'un régime personnaliste. Éducation personnaliste, apologie pour la vie privée, culture métaphysique et personnelle, économie pour la personne, organisation politique d'une Cité pluraliste, esquisse d'une communauté internationale, rien n'est oublié, et ces lignes de positions sont à la fois suffisamment larges et suffisamment précises pour indiquer les résultats déjà acquis, et servir de cadre à la recherche future. On pourrait certes discuter bien des points de détail ; ce qui est certain, c'est que, si vraiment le salut est dans la personne, c'est dans ce sens qu'il faut aller.

Un des plus grands motifs d'espérance de l'heure actuelle, c'est que, par-dessous les soubresauts de la vie politique, économique et sociale, il s'opère un grand rassemblement de tous ceux qui veulent sauver la plus haute valeur humaine : celle de la personne. Des tendances apparaissent opposées et se rejoignent et s'unissent, d'accord au moins sur ce point essentiel. Il fallait avant tout éclairer et diriger ces aspirations confuses. Esprit, depuis quatre ans, s'est donné cette mission. Son directeur vient de faire le point, résumant ainsi un long effort collectif. Puisse ce manifeste, qui est aussi un appel, cristalliser des forces encore inemployées — ou mal employées — et les diriger vers cette voie personnaliste qui, seule, ouvre une nouvelle issue.

Jean Lacroix

N° 1346 — 19 NOVEMBRE 1936

Armer la loi contre la calomnie

[…]

Il faut qu'on en finisse. Cette mort affreuse d'un ministre en exercice ne peut être envisagée comme un épisode dramatique, mais normal de nos controverses publiques. Si une preuve encore ignorée mais décisive n'est pas immédiatement fournie du bien-fondé des accusations sous lesquelles M. Salengro a succombé, une preuve écrasante aura été fournie, par le fait même, de la nécessité d'armer la loi contre la calomnie. Dans l'appel véritablement admirable qu'a adressé aux travailleurs de Lille M. Léon Blum a repoussé l'oubli et la vengeance. Les mesures qu'il ne manquera pas de proposer au Parlement ne sauraient être des mesures de parti pris contre la juste liberté qui doit être assurée aux adversaires du régime eux-mêmes. Elles devront être et nous espérons fermement qu'elles seront des mesures de justice et de propreté. Il y a assez longtemps que les forbans peuvent, sans péril, accuser n'importe qui de n'importe quoi. Il faut que demain, toute accusation véridique soit admise à faire la preuve et que toute accusation calomnieuse soit aussitôt châtiée sans merci. Les hommes propres et sincères, dans tous les partis, ont assez et plus qu'assez de l'immunité assurée par une trop longue faiblesse aux ouvriers d'infamie.

Georges Bidault

N° 1346 — 19 NOVEMBRE 1936

Le conflit espagnol va connaître ses heures les plus critiques. Les soldats de Franco avancent pas à pas vers le centre de Madrid. Les miliciens se défendent farouchement, mais ils reculent. Combien d'heures se passeront avant que les assaillants aient pris réellement possession de la capitale ? Ce n'est pas nous qui ferons des pronostics. Il faut surtout compter avec les sursauts du désespoir. Mais dans quelle capitale s'installera la junte de Burgos, triomphante ? Sera-ce encore Madrid, ces ruines fumantes, cette population fugitive ou décimée ? Ici, nous devons élever une protestation, qui veut ignorer les clans en présence, mais qui doit jaillir spontanément de tout homme de cœur. Pourquoi les nationalistes ont-ils ravagé par le fer et le feu cette capitale de l'Espagne s'ils ont la prétention de la sauver ? Si les bombes incendiaires étaient indispensables pour mener à bien la conquête, cela juge les conquérants. Pour réduire les barricades, hérissées de miliciens, était-il nécessaire d'anéantir leurs foyers, de tuer leurs femmes et leurs enfants ? Les crimes des uns n'excusent pas les crimes des autres. Nous flétrissons le crime, simplement quand il y a crime. Ce n'est pas la reconnaissance officielle des vainqueurs par deux gouvernements de dictatures qui suffira à relancer le souvenir du sang qu'ils ont versé.

Le geste accompli par l'Allemagne et par l'Italie est grave. Souhaitons qu'il ne soit pas très grave. S'il faut se méfier des assimilations historiques que les événements d'hier ramenaient dans chaque conversation, on peut bien dire que rarement l'Europe a connu des heures d'aussi tragique incertitude. Ne nous le dissimulons pas : une guerre peut partir demain du bûcher espagnol et embraser le continent. Pour nos gouvernants, le moment est venu de la vigilance et des disciplines sévères. Gardons-nous de la moindre faute, mais sachons aussi montrer que la France est forte et que ses citoyens sont capables d'union et de sang-froid. Dans l'avalanche des nouvelles, nous avons relevé hier une exception qui, par comparaison, est singulièrement réconfortante. Nous voulons parler de l'amitié solide de la France et de la Grande-Bretagne, qu'un beau discours de M. Camille Chautemps vient d'illustrer avec une rare opportunité.

De l'union étroite des deux grandes démocraties, le sort de la paix dépend plus que jamais.

Louis Terrenoire

N° 1353 — 27 NOVEMBRE 1936

L'Église et l'unité de l'Europe

Il faut convenir que, si l'Europe parvenait un jour à se constituer en un système d'États-Unis, c'est qu'elle aurait réussi à rompre avec tout son passé. Quoi que disent certains apôtres, l'Europe n'eut jamais d'unité politique, n'y eut même jamais de tendance. Les événements qui étaient les plus propres à établir une telle union — les Croisades, les ravages causés depuis la Baltique jusqu'à la Sicile par l'incursion normande, la panique suscitée de l'Ukraine jusqu'à l'Île-de-France par l'invasion mongole du XIIIe siècle — n'ont rien produit en ce sens. Certains même de ces événements, par exemple la grande croisade balkanique, ont grandement contribué à désunir les Européens. Du point de vue politique, il faut bien le dire, la volonté de l'Europe dans l'histoire aura été exclusivement nationaliste. Elle aura consisté dans un double mouvement qui dut, d'une part de former des nations, et, d'autre part, de les rendre indépendantes les unes des autres. Cette volonté commence avec le partage de Verdun et la satisfaction que manifestent les contemporains, dans chacun des trois lots, à l'idée qu'ils pourront réaliser une destinée autonome. Elle atteint son apogée au XIXe. L'Europe aura durement porté le poids de la malédiction formulée par Bossuet : « Dieu laissa alors les nations aller dans leurs voies. » Mais s'il n'y eut jamais d'unité politique européenne, il a existé une civilisation européenne, c'est-à-dire un ensemble de conceptions qui, par-dessus les frontières intérieures de l'Europe et pendant plusieurs siècles, régna sur la totalité du continent, et dont l'oubli est un des grands facteurs de la déplorable tendance qu'ont les nations modernes à se croire organiquement indépendantes les unes des autres. Cette civilisation-mère a trouvé dans l'historien anglais, M. Christopher Dawson dont l'ouvrage *The Making of Europe : an introduction to the history of european unity* consiste à en recenser les composantes. Une chose qui frappe vivement dans ce bilan, c'est que le nationalisme de l'Europe moderne est tout entier un héritage des Barbares, lesquels opposèrent les *Gentes* à l'*Imperium* et à l'*Ecclesia*. Mais ce qui retient le plus, c'est la place prépondérante que l'auteur est conduit à donner au christianisme, soit qu'il montre l'Empire de Charlemagne faisant œuvre européenne beaucoup moins par son caractère impérial que religieux, soit que, dans une très belle page, il explique que la civilisation fut sauvée, en Occident parce que le monde se tourna vers l'Église et non pas vers l'État, comme il fut en Orient, soit qu'il expose comment, après l'effondrement de l'empire carolingien et de la centralisation administrative, grâce à ses traditions de transcendance, maintint parmi les hommes et au-dessus de leurs égoïsmes individuels un sentiment d'intérêt général, qui forme encore l'essence de nos établissements. L'historien constate cette vérité, que sentaient des poètes comme Stendhal et Chateaubriand : l'Europe moderne est née du christianisme…

On ne saurait trop méditer sur l'attitude de l'Église en face de cet empire de Charlemagne dont il voulait qu'il fût, à l'image de l'Empire romain, le symbole de la paix du monde. C'est elle qui l'a fondé, et c'est elle qui a compris ce que signifiait sa ruine. C'est un de ses membres qui, lors du fameux partage de 843, soupire : « Au lieu de roi, on voit maintenant des roitelets ; l'universel est oublié, chacun ne pense plus qu'à soi. » Je songe souvent à ce moine qui, parmi l'allégresse de tous, pleure l'avènement des souverainetés nationales, d'où descend en droite ligne la guerre de 1914, la menace d'autres encore pires, et je me demande si, étant donné l'autorité morale nécessaire pour primer ces souverainetés et établir la paix, ce n'est pas son institution qui y reste toujours le plus propre.

Julien Benda

N° 1365 — 1er DÉCEMBRE 1936

Un roi s'en va

[…]

La crise constitutionnelle de l'Empire britannique va prendre fin par l'avènement d'un souverain nouveau. Elle n'aurait duré et pris de l'importance que si l'entêtement d'Édouard VIII lui avait fourni matière. Quant à la crise du régime parlementaire que quelques adversaires de la démocratie nous annonçaient comme plus grave que la crise dynastique, on en chercherait en vain les traces. S'il y a aujourd'hui quelque chose d'évident, c'est la solidité inébranlable des institutions représentatives dans l'Empire britannique. Contre le « privilège du peuple » et contre ses défenseurs élus, la « prérogative du roi » n'est même plus en mesure d'engager la lutte. Celui qui fut Édouard VIII n'est plus qu'un citoyen comme les autres. Sans la détermination qu'il a prise, telle que l'expose son dernier message, il y a une part de détresse qui ôte tout droit de juger. On ne songe pas sans mélancolie à ce monarque, le plus puissant de la terre, qui déchire le pourpre et l'hermine pour conserver le refuge de la seule tendresse qui l'ait consolé. Nous espérons, soit dit en passant, que cessera désormais cette indécente chasse au scandale que la presse des deux mondes entretient depuis huit jours. On a traqué odieusement une femme seule. Nous souhaitons qu'on laisse en paix, à leur « bonheur », deux êtres qui n'ont plus droit qu'à l'oubli. Regardons plutôt du côté de l'Angleterre et sachons y trouver les leçons d'esprit civique que son admirable attitude donne à tous les pays libres.

Georges Bidault

N° 1374 — 22 DÉCEMBRE 1916

Réflexions en manière d'épilogue

La page d'histoire est tournée. Un roi est parti. Un autre l'a remplacé. Un grand peuple a repris sa vie un moment suspendue. La tragédie est terminée : le roman d'amour peut maintenant se poursuivre sans entraves : *God save the King !* Et qu'il bénisse aussi les amoureux ! Si j'étais la future duchesse de Windsor, je serais certes heureuse. Inquiète un peu aussi. Une couronne a beau, à cette heure, représenter d'abord et surtout des charges, des responsabilités, des risques — un poids bien lourd aussi — je me sentirais parfois émue de penser que, pour l'homme qui, pour moi, abdiqua, je devrai et pas seulement aujourd'hui ou demain, mais dans dix, vingt, quarante ans, s'il nous est prêté vie à l'un et à l'autre, remplacer un empire.

Quand les éducateurs auront à narrer cette abdication aux petites filles de l'avenir et à leurs frères, il faudra tout d'abord leur expliquer qu'en l'an de grâce 1936, les rois, ceux d'Angleterre tout au moins, avaient encore le droit d'épouser des bergères, mais pas celui de le faire monter sur le trône femme ou fille qui ne fût d'une parfaite « respectability ». Et ici, j'entends l'interruption de tel ou tel gavroche précocement moraliste : « Tous les princes, du temps que s'appliquaient ces sévères exigences, étaient-ils donc de petits saints ? En cherchant un peu, n'aurait-on jamais retrouvé, dans le passé d'aucun, l'équivalent, sur le plan moral, d'un et même de deux divorces ? Au tarif appliqué aux reines, combien de rois furent jamais dignes de la couronne ? Impertinent et brave gavroche ! Nous le remercierons de nous fournir aussi l'occasion de stigmatiser cette convention par laquelle, pour faire une honnête femme, il faut toutes les vertus de l'honnête homme, plus une, celle que, précisément, on a le grand tort de ne pas exiger de celui-ci. Mais tout ne sera pas fini quand il aura ainsi été fait justice du préjugé de la double morale : il restera à faire comprendre aux petites filles au cœur sensible et à l'âme frémissante, aux petites filles et à leurs frères les raisons « des vieillards ». « Pauvre petit roi d'Angleterre ! » a répété, tout au long de la semaine anxieuse, les yeux embués, l'enfant toute neuve, au regard plein de questions, qui, chaque nuit, rêvait près de moi au bouquet de cinq livres apporté chaque jour, conformément à de royales instructions, à la villa de Cannes.

Au collège, le professeur de littérature avait dit : « Mesdemoiselles, ce sont deux conceptions qui s'affrontent ; la conception romantique de l'amour et de ses droits, de l'amour enfant de Bohême, et la conception cornélienne du cœur soumis à la raison, de la hiérarchie des valeurs respectée jusque dans l'entraînement de la passion. Laquelle l'emportera ? » Nous le savons maintenant. Le copieur a eu le dernier mot. Mais la raison a eu à proclamer à la face du monde qu'elle lui en avait conféré le droit. Dans la dignité et la noblesse, l'histoire vient de donner aux petites filles de l'avenir et à leurs frères une belle et forte leçon. Mais il faudra leur en faire saisir la portée. Tout n'est pas vénérable dans le legs du passé. Tout n'est pas respectable dans la coutume et la tradition. Derrière la raison d'État se cachèrent, au fil des siècles, bien des infamies. Et la notion de famille recouvrit plus d'une fois, d'une blancheur sacrilège, l'intérêt, l'hypocrisie, le triomphe du fort sur le faible. De même qu'au cours de leurs études, nos enfants rencontreront les révolutions et leurs causes, ils rencontreront aussi au cours de leur vie le cri d'André Gide : « Familles, je vous hais ! » Et ici comme là, il faudra expliquer, il faudra faire comprendre. Expliquer tout ce qui put et peut encore justifier un tel cri. Et faire en même temps comprendre que tout, bien loin de là, n'est pas à rejeter dans les valeurs traditionnelles. Le respect, un respect sachant être à l'occasion intransigeant de tout ce qui constitue la dignité familiale, ce respect qui est à la fois révérence des ancêtres et souci des générations à venir, a droit à notre piété. Veillons seulement à ce que les mœurs et les institutions lui permettent de moins en moins d'abriter ce qui est indigne de lui.

Et que les petites filles aux grands yeux, et que les petits garçons leurs frères comprennent aussi que, pour se soumettre à des lois, l'amour ne se donne pas la mort. Au contraire, il se délivre lui-même — le vrai, celui qui, ne s'étant pas donné la permission d'être incendie dévastateur, pourra rester flamme et lumière ; celui qui, s'étant voulu basé sur le plus stable de nous-mêmes et ayant su procéder, le cas échéant, aux élagages utiles, est seul capable de durer — heureux ou malheureux — toute une vie.

Pauline Le Cormier

ANNÉE 1937

N° 1392 — 14 JANVIER 1937

Ne nous laissons pas endormir

[...]

Il est évident que l'Allemagne se sert en Espagne du même procédé qui a si bien servi à l'Italie en Éthiopie l'année dernière. Parce qu'elle sait que la France et les démocraties anglo-saxonnes ont à juste titre le communisme en horreur, elle organise à travers le monde, et plus particulièrement en Espagne, une croisade idéologique qui sert à camoufler une guerre de conquête. Voyez comme cela est idéaliste. L'Allemagne veut empêcher les Soviets de s'installer en Méditerranée. Elle envoie au général Franco des armements, des chars d'assaut, des avions, des mitrailleuses et des divisions entières de la Reichswehr, afin de mettre à la raison des populations rouges qui se sont effectivement rendues coupables des pus affreux forfaits. Voilà le prétexte. Voilà le masque derrière lequel nous retrouvons la vraie figure de l'éternelle Allemagne. En fait, il n'est pas surtout question d'aider Franco, il est question de profiter des difficultés au milieu desquelles il se débat pour mettre la main sur les richesses minières de l'Espagne, pour trouver des débouchés économiques, pour créer des bases maritimes et aériennes, pour reprendre pied en Afrique. Le débarquement des troupes allemandes à Melilla, la semaine dernière, a ouvert les yeux aux plus aveugles. Et c'est une chance que l'Allemagne ne sache garder la mesure. En portant atteinte au statut international du Maroc, elle n'a pas seulement provoqué en France, qui doit défendre son empire africain, une réaction unanime. Elle a provoqué, dans une Angleterre soucieuse de protéger Gibraltar, une réaction parallèle. Et l'Allemagne, devant cette réprobation des deux grands pays conservateurs, a pu immédiatement faire semblant de baisser pavillon. Et cela m'amène à faire deux remarques. La première est que, lorsque la France et l'Angleterre sont vraiment unies, il n'y a encore personne en Europe pour leur résister. Et c'est pourquoi, depuis deux ans, tout le jeu des États dictatoriaux consiste à essayer de les opposer. Viser l'Angleterre sans viser la France, ou, réciproquement, traiter avec l'une sans traiter avec l'autre, séparer l'une de l'autre les deux grandes démocraties, les isoler ou disjoindre le bloc qu'elles devraient faire, c'est pour l'Allemagne et l'Italie gagner à tout coup. Dans l'affaire italo-éthiopienne où la France n'était pas directement intéressée, l'Angleterre fut ridiculisée et cela permit la remilitarisation de la zone rhénane. Dans l'affaire d'Espagne, le procédé reste le même. Il s'agit de donner à l'Angleterre des apaisements verbaux, afin de l'empêcher de régler son action sur celle de la France, si tant est que la France garde dans cette affaire une ligne de conduite bien déterminée.

La seconde remarque à présenter, c'est que l'incident marocain n'a pas été réglé d'une manière absolument insatisfaisante. Que l'on ait permis à Hitler de sauver la face vis-à-vis de son peuple en obtenant de la France une déclaration réciproque de non-ingérence au Marco espagnol, passe encore. La presse allemande avait été déchaînée par Goebbels, il fallait bien expliquer un revirement. C'est la France qui en a fait les frais et Hitler qui paraît pacifiste. Peu importe. Quand il s'agit de sauvegarder un bien aussi précieux qu'est la paix, on passe sur bien des susceptibilités. Ce qui me préoccupe, c'est que dans leur déclaration commune, Hitler et notre ambassadeur M. François-Poncet, aient employé les mêmes termes qui avaient servi pour l'accord entre l'Angleterre et l'Italie. Or, cette expression de la sauvegarde territoriale de l'Espagne ne signifie pas grand'chose. On peut fort bien établir un protectorat économique et même politique sans porter atteinte à l'intégrité territoriale d'un pays. Nous n'avons pas démembré la Tunisie. Le bey y règne toujours. On voit donc que la formule d'apaisement donnée par Hitler à notre ambassadeur n'engage pas plus que l'Italie ne se trouve engagée par son accord avec l'Angleterre. Et c'est bien cela qui me chiffonne. Je préfère le geste des autorités espagnoles au Maroc, qui autorisent notre attaché militaire à circuler librement. Car cette aventure espagnole n'a pas fini de nous réserver des surprises !

Georges Hourdin

N° 1401 — 24-25 JANVIER 1937

Persécution en Allemagne

La situation des catholiques dans l'Allemagne de Hitler est plus angoissante que jamais. La petite lueur d'espoir qui avait brillé un instant, vers le temps des Jeux olympiques, a été bien vite soufflée par une nouvelle rafale de persécution et le ciel est affreusement noir.

On parle d'un nouveau *Kulturkampf*, mais il faut, hélas ! craindre bien pire que « les lois de mai ». Bismarck s'en prenait avec brutalité aux catholiques et au catholicisme, mais Windthorst n'avait pas de bâillon sur la bouche et le chancelier de fer, luthérien correct, faisait profession de respecter les principes qui sont le fondement de la foi chrétienne. Aujourd'hui, nous ne sommes plus en présence de tracasseries inspirées par le piétisme prussien contre tout ce qui porte le nom romain, nous sommes en présence d'une haineuse volonté de destruction inspirée par l'arrogante renaissance du paganisme germain contre tout ce qui porte le nom chrétien. Une nouvelle idolâtrie se dresse, adoratrice de la force, de la race et du sang. Elle n'a, en effet, rien de commun avec l'Évangile, ni avec une civilisation née de l'Évangile. L'Église a, selon sa constante tradition, multiplié et prolongé les marques de son désir de conciliation. Elle a voulu qu'aucun esprit de bonne foi ne pût lui imputer la responsabilité dans le conflit douloureux qui monte à l'horizon. Elle n'a rien ménagé de ce qui pouvait établir sa volonté de se tenir à l'écart de la politique. Elle a rendu à César tout ce qui était dû à César, préférant même donner davantage que trop peu. Peut-être certains ont-ils cru, hors d'Allemagne, qu'il entrait quelque illusion dans la persévérance inlassable de cet effort. Mais il ne fallait laisser passer aucune chance de paix, ne fût-ce que pour faire comprendre à toutes les âmes loyales de quel côté se trouveraient les responsabilités, le jour où César revendiquant aussi ce qui est à Dieu, la rupture deviendrait inévitable.

Il semble que ce jour soit venu. Le Moloch nazi veut mettre la main sur toute la jeunesse, régner sans partage sur les consciences et imposer le culte de ses erreurs divinisées. La visite collective des cardinaux allemands à Rome, les renseignements recueillis sur la protestation de l'épiscopat donnent les plus graves motifs de croire qu'une époque de grandes épreuves peut venir pour les catholiques d'Outre-Rhin. La sympathie de tous les hommes libres les accompagnera dans le témoignage qu'ils vont avoir à rendre en faveur d'un patrimoine immortel. Et les croyants se sentiront solidaires de leurs frères dans la foi à l'heure de la grande tribulation, priant la Providence que, si ce calice ne peut être écarté, elle donne à ses défenseurs la force dans l'adversité et le plus tôt possible, la victoire.

Georges Bidault

N° 1416 — 11 FÉVRIER 1937

Notre chance

Depuis l'avènement d'un gouvernement de « Front populaire », tout un peuple croit, à tort ou à raison, mais croit fermement que l'heure du nouveau est arrivée. Je ne sais s'il est vrai que demain verra notre bonheur, mais les élections dernières ont certainement sonné le glas d'un monde que nous n'avons pas à regretter. Devant ce courant d'optimisme, il est temps pour les gens de notre esprit de prendre nettement position. Un fait indéniable : depuis que nous existions, nous avons appelé le désarmement des haines et le rassemblement de toutes les bonnes volontés. Un autre non moins certain : des réformes que nous préconisons depuis toujours aboutissent avec le gouvernement Blum. Nous voici donc placés devant un ministère dont la naissance nous fut annoncée d'une manière qui n'était pas sans nous déplaire. Mais, depuis, si le loup ne s'est pas fait agneau, M. Blum s'est fait homme de gouvernement. C'est à leurs actes que l'on juge les hommes. Ces actes, objectivement étudiés, décident d'un ralliement ou d'une opposition.

Dans le domaine de la politique extérieure, le gouvernement a agi avec sagesse contre les espérances de ceux qui désiraient le perdre dans une croisade idéologique. Dans le domaine de la politique intérieure — quoi qu'en disent certains qui parlent de notre liberté « crucifiée », oubliant qu'un soir tragique, ils ont rêvé de lui régler son compte —, nous sommes heureusement encore dans un pays de liberté.

Politique sociale ? Nous serions mal venus de critiquer la plupart des réformes votées depuis six mois. Les préconisant depuis toujours, nous avons aidé à leur aboutissement. Seules peuvent nous opposer à certaines d'entre elles des divergences d'ordre technique — qui, je le sais, sont capitales — parce qu'elles préparent une voie que nous refusons de suivre.

Que l'on ne nous fasse pas dire ce que nous ne disons ni n'écrivons, savoir qu'avec le ministère Blum se réalise un de nos vœux les plus chers. Nous disons, simplement mais fermement, qu'il faut nous associer à ceux qui espèrent, aider à la réalisation de ces espoirs chaque fois qu'en conscience nous le jugerons légitime. Nous n'en serons que plus forts pour nous opposer à tout ce qui serait inconciliable avec les idées qui nous sont chères. J'entends bien que déjà cette attitude nous l'avons prise, mais trop souvent avec cette neutralité de gens qui suivent craintivement ; il faut marcher de front, voire même entraîner. Non seulement ne pas nous opposer au vent qui souffle, mais coopérer à le rendre plus sain et plus fort.

En retour, ne rien réclamer que le droit de crier très haut qu'en un temps où les yeux d'un grand peuple étaient tournés vers une grande espérance nous n'avons pas voulu, en combattant le mirage éteindre la lumière.

À défaut d'affection pour certains hommes, la sagesse nous commande une telle attitude. C'est notre chance de sauver ce qui peut et doit être sauvé.

Jean Teitgen

N° 1426 — 23 FÉVRIER 1937

Bataille autour d'un mot

Bataille pacifique, je le veux ! Mais enfin bataille assez vive à l'occasion. Depuis assez longtemps latente, comme un feu qui couve, la discussion des projets de loi en délibération sur le statut de la femme mariée vient de la rallumer… Va-t-on, oui ou non, inscrire dans les textes que la famille a un chef, et que ce chef c'est l'homme ?

Oui, répondent ceux que nous appellerons en gros les « familiaux ». Non, répondent ceux que nous appellerons en gros les « féministes ». Avec des arguments qui, d'un côté comme de l'autre, méritent le respect dont on aurait tort, d'un côté comme de l'autre, de se débarrasser par une pirouette. Y a-t-il moyen de sortir de là, pour des esprits qui ne voudraient se brouiller ni avec les faits, ni avec la logique, ni avec la justice, et qui, une fois de plus, risquaient ici d'être coincés et paralysés entre des exigences toutes accueillies cordialement ?

« La femme aussi est une personne », portait en titre, il y a quelques mois, certain numéro d'*Esprit*. Eh, certes me disais-je en le lisant, mais « la famille aussi est une communauté ». Seul me satisfera complètement celui qui parviendra à rendre inséparables les deux aspects du diptyque.

Un point d'abord sur lequel il convient d'être tout à fait net : non seulement, je ne tiens pas pour ma part au mot chef, mais je demande, pour autant que je puis avoir droit au chapitre, qu'on y renonce. Il déplaît à nos compagnes, et ce serait déjà suffisant. Il prête un peu à sourire à ceux qui connaissent la vie quotidienne de la famille française moyenne. Et puis, étymologiquement et historiquement lié à une idée de subordination autoritaire, il répond mal à cet idéal de coordination égalitaire qui ne peut pas, pour de multiples raisons, n'être pas celui de la famille de demain. Mais je demande aussi de ce mot égalité une interprétation — souple et non pas rigide, concrète et non pas abstraite, sociale et non pas individualiste — qui permette de concilier la nécessaire équivalence de dignité et de responsabilité avec la non moins nécessaire diversité de tâches et de fonctions. Des problèmes comme celui-ci veulent être étudiés à la fois du point de vue du droit et du point de vue de la sociologie positive. Le droit exige qu'à la femme comme au mari soit ouverte la plénitude de la conscience et de la responsabilité humaines, en général, de la conscience et de la responsabilité familiales en particulier. C'est assez dire, je suppose, ce que je pense de l'absurde incapacité civile de la femme mariée. Aussi bien peut-on constater que personne ne la défend plus. Mais la sociologie positive nous apprend, me semble-t-il, deux choses : d'abord qu'aucune société n'a à gagner à présenter, au-dehors non plus qu'au-dedans, un front double ou divisé ; que la famille spécialement demande à être traitée comme une unité sociale ; ensuite que la division du travail est une condition du bon accomplissement des tâches humaines, et que cela risque toujours d'être mal ou péniblement fait, sur quoi plusieurs hommes peuvent, au même moment ou au même titre, affirmer compétence. Et c'est ici que les « familiaux »

— qui ont bien tort de se cramponner au mot désuet de chef et encore bien plus s'il advient d'alimenter l'esprit de prépotence qu'il signifie — me semblent reprendre quelque avantage.

Je ne trouverais plus, pour ma part, grand sens à la résistance, si, sans cesser de s'élever contre toute infériorisation systématique ou même involontaire de la femme, les « féministes » déclaraient sans ambiguïté, qu'ils n'entendent contester ni l'un ni l'autre de ces deux principes :

— Normalement, le mari est le représentant légal de la famille ; sauf convention ou disposition contraire, et recours possible en cas d'abus, il a là mandat tacite.

— Normalement, il revient au mari de subvenir par son travail aux besoins du foyer, à la femme de l'administrer au-dedans, et plus encore d'y entretenir la ferveur et la douceur d'une présence continuelle. Lorsque le contraire se produit, il y a anomalie. Est-ce possible de se mettre d'accord sur tout cela ? Je voudrais penser que oui. Sous quelle forme ? Je me suis borné à poser les principes, ce qui est la tâche du moraliste et du philosophe. Je laisse aux juristes le soin de trouver les formules appropriées.

Paul Archambault

N° 1446 — 18 MARS 1937

Les sans-haine

Il y a, paraît-il, des sans-Dieu. Pourquoi pas des sans-haine ?

Ceci répondrait à cela. Que si certains s'étonnent et objectent : Est-il donc nécessaire de désigner d'un vocable nouveau ce qui a toujours été ? La haine est-elle si fréquente qu'il faille étiqueter son contraire ? » Hélas ! Il suffit d'écouter les propos des salons et de la rue, de lire les nouvelles d'Espagne pour reconnaître que la haine se love comme un serpent autour du monde : il n'est que temps de faire effort pour que le sinistre anneau ne soude pas ses deux extrémités, et n'étouffe pas l'humanité !

Définissons, par opposition, les sans-haine :

Le sans-haine ne dira jamais en parant des rouges ou des blancs, selon son opinion : « On n'en tuera jamais assez ! » Propos, hélas ! souvent entendu sur les lèvres de braves gens qui « ne feraient pas de mal à une mouche », comme dit *Le Populaire* ! Parfois sur les lèvres de chrétiens qui ont oublié l'Évangile ! Le sans-haine ne dira pas à tout bout de champ de ceux qui ne partagent pas ses opinions politiques : « Untel au poteau ! » ou « À quand les mitrailleuses ? » Propos misérables et qui pourraient faire hausser les épaules s'ils n'étaient susceptibles de créer un climat favorable à la guerre civile dont l'Espagne nous offre une illustration tragique et quotidienne. Le sans-haine, s'il tient à s'occuper de politique, pointe les coups avec objectivité. Il reconnaît que telle réforme est heureuse et garde le droit de déplorer que ses amis, lorsqu'ils étaient au pouvoir, ne l'aient pas accomplie… Mais si telle autre réforme leur paraît néfaste, ils la critiquent en évitant les formules définitives et primaires exprimées plus haut : « Au poteau ! Les mitrailleuses ! » Le sans-haine reconnaît la bonne foi et le talent où ils éclosent, sur fond rouge ou sur fond blanc, et il se garde de suspecter la sincérité ou le désintéressement de celui qui professe des opinions politiques différentes des siennes.

Il sait que la vérité politique comme le bonheur est faite de tant de pièces qu'il en manque toujours quelqu'une et s'il est croyant, il se repose sur la vérité, en lui demandant la paix qu'il ne trouve nulle part hors de son royaume. Le sans-haine a pitié des hommes. Il se rappelle les vers du poète :

« Car j'ai pitié de vous, de moi, de nos misères.
Une pitié qui va jusqu'au besoin fougueux
De boire sur la face en ténèbres des gueux
Les larmes qu'on y voit ruisseler, solitaires ! »

Cette attitude philosophique lénifie-t-elle la volonté ? Rend-elle le sans-haine inapte à toute action ? Le contraire est exact : l'homme qui, à tout instant, exerce sa volonté contre soi-même, l'homme qui dans l'expression même d'une légitime indignation se garde de maudire et de réclamer des châtiments exemplaires, l'homme qui, obéissant à la parole du maître, ne méprise ni ne hait ses ennemis, mais tente de diriger vers eux un faisceau de lumière, celui-là, qui a vaincu ses instincts de violence, se montrera inébranlable dans l'action. Que la famille, la patrie, la liberté soient menacées et l'apôtre se transforme en croisé… Il sait mieux qu'un autre lutter et mourir. Grâce à Dieu, il est par le monde des sans-haine. Ils forment çà et là des îlots de résistance sur lesquels l'avenir dressera ses assises.

Que donc les femmes s'unissent pour créer, non un groupement nouveau, il n'en est que trop et d'inactifs, mais pour créer une atmosphère de paix ? Qu'à chaque propos de haine elles répliquent par des paroles de paix. L'invective ni la menace ne sont pas la marque des grandes âmes ! mais on les reconnaît au reflet plus ou moins vif que projette sur elles le soleil de l'Évangile.
Il y a peu de jours, une dame fut sollicitée par une de ses amies qui s'occupe des réfugiés espagnols. Ce dialogue s'engagea :

— Je vois des misères affreuses. Des enfants sans lait, couchés sur la paille…

— J'ai un lit d'enfant, avec toute sa literie. Donnez-moi une adresse…

— Oui… Je dois savoir si vous voulez donner ce lit à des réfugiés rouges ou à des nationalistes, car moi je m'occupe des…

— Qu'importe ! Interrompit la dame. Dirigez-moi vers les plus malheureux. Je ne veux pas savoir leur opinion. Quand le Christ a pleuré sur la ville, où a-t-on vu qu'Il ne pleurait que sur les siens ?

C'est dans son ombre étoilée que se groupent les sans-haine.

Isabelle Sandy

N° 1452 — 23 MARS 1937

La grève générale

La grève générale n'est pas un simple « mythe ». Elle vient, une fois de plus, de s'ébaucher sous nos yeux. Quelle est sa nature ? Quelles peuvent être ses répercussions ? Arme sociale d'abord. Elle a toujours été préconisée comme *ultima ratio*, comme phase essentielle de la lutte finale pour la destruction du régime capitaliste. Arme politique ensuite destinée à assurer la prise du pouvoir par le prolétariat. Mais ce sont là les buts éloignés ; plus modestement elle peut momentanément être employée, non pas à conquérir, mais à défendre des droits acquis et à maintenir un certain équilibre des forces. Avertissement donné au lendemain du 6 février à une tentative de coup de force fasciste : réponse aux capitalistes célébrant la « conversion » du gouvernement Blum aux principes de l'orthodoxie libérale. Si la grève générale avait simplement pour effet de corriger de dangereuses ruptures d'équilibre, même sur le plan politique, elle serait bienfaisante. Malheureusement, elle constitue par elle-même un désordre tel qu'elle ne peut être que malfaisante en toute hypothèse car en cas de coup de main « fasciste » elle serait dépassée par la guerre civile. La grève générale ne peut être effective que si elle est décidée et menée par des syndicats suffisamment puissants et disciplinés. Elle a aussi pour effet de faire servir les organismes à des fins qui les dépassent et les entraînent hors de leur propre terrain ; l'action ainsi poursuivie ne tend plus à faire pression sur un employeur ou un groupe d'employeurs mais sur les pouvoirs publics et la nation tout entière. Si la grève générale est admise comme moyen normal de lutte pour la classe ouvrière, il ne faut plus nous parler d'unité légitimée par la neutralité syndicale. Les tentatives de grève générale de 1920 ont porté les coups les plus rudes à l'organisation professionnelle et furent la cause principale tant de la longue désaffection des ouvriers pour les syndicats que de la scission communiste. Et cela d'autant plus que la grève générale de par sa nature est vouée à l'échec. Pour être effective, elle suppose l'arrêt des services publics et d'intérêt général ; d'où d'abord son impopularité, puis nécessairement, quelque soit le gouvernement au pouvoir, l'intervention des pouvoirs publics pour la briser, enfin a réaction des autres classes sociales qui s'organisent et passent en masse au fascisme. Si la grève dure, elle tourne à la guerre civile, ou est brisée par une répression brutale risquant d'aboutir à l'instauration de la dictature (exemple italien) ou, à tout le moins, à des mesures restrictives (loi anglaise sur les grèves de juillet 1927 à la suite de la grève générale de 1926). La grève générale n'est plus un moyen de pression, c'est déjà une guerre. Le bilan est désastreux pour tout le monde ; les syndicats ouvriers sont affaiblis ; les gouvernements isolés, accusés par les uns de brutalité, par les autres de faiblesse ; la nation demeure déchirée plus profondément qu'auparavant ou courbée sous la dictature.

Les récents événements illustrent ces enseignements de l'expérience. L'émeute sanglante de Clichy, la grève semi-générale et les atteintes quotidiennes à la liberté syndicale font admirablement le jeu de ce fascisme que d'épouvantail on transforme en réalité. La France n'est pas un pays où le monde ouvrier puisse prétendre à l'hégémonie ; c'est une simple question de rapports de forces, une constatation banale. S'il y tend, il dressera contre lui les classes moyennes et les paysans et avec elles le pouvoir. Il n'y a pas de pire épreuve pour un gouvernement de Front populaire que les derniers événements ; on peut ici renverser la perspective habituelle : l'affaiblissement du cabinet Blum constitue une atteinte grave à la cohésion et à la force du Rassemblement populaire. Voyons les choses de plus haut, tout en restant sur le terrain des faits : si les conquêtes du droit ouvrier et le niveau des salaires sont menacés ; c'est beaucoup moins par le « fascisme » ou le « capitalisme » que par des illusions : croyance en l'hégémonie légitime ou acquise d'une catégorie sociale — méconnaissance de la solidarité nécessaire entre le niveau de vie et l'activité économique. Les conquêtes de juin ne peuvent plus être menacées que par un fléchissement de la production et des échanges. La force ouvrière ne peut être atteinte que par la violence dont elle est maîtresse. C'est à la classe ouvrière, et à elle seule désormais, qu'il appartient d'éviter cette double menace.

Claude Leblond

N° 1452 — 23 MARS 1937

L'autre encyclique

Il faut espérer que ceux qui ont si faussement interprété l'encyclique contre le communisme athée, représentée par eux comme une approbation de la politique des États autoritaires, reconnaîtront leur erreur à la lumière de l'autre encyclique, celle qui, avec une majesté et une sérénité également admirables, dresse le bilan religieux de l'Allemagne nationale-socialiste. Il y a si peu de politique en toute cette affaire que la Rome vaticane, sans autre défense que la force du vrai, sans autre secours qu'une assistance qui n'est pas du monde, a osé s'en prendre en même temps aux deux erreurs qui menacent la civilisation. S'il y avait eu de sa part le moindre calcul temporel, l'un des deux adversaires eût été l'objet de ménagements et utilisé contre l'autre. Mais on ne défend pas la vérité par le dosage des erreurs antagonistes. Pie XI, au faîte d'une longue vie, sans crainte et sans haine, lance à la chrétienté la double mise en garde contre la double menace de la puissance des ténèbres. *Fides intrepida.* Car l'heure n'est pas (si tant est qu'elle ait jamais été) à ce genre de prudence humaine qui conduit à se taire devant la contagion du mal.

L'encyclique aux évêques d'Allemagne laisse aux dirigeants du troisième Reich la possibilité de corriger leurs maximes et de redresser leur conduite. Si l'irréparable doit se produire, elle entend que mes serviteurs du paganisme en assument la responsabilité. Mais l'idolâtrie du chef, l'idolâtrie de la race et du sang sont d'ores et déjà frappées d'une condamnation d'autant plus rigoureuse qu'elle s'interdit toute violence. Rien, pas un mot qui pousse à la guerre, qui cherche à blesser des personnes ou à heurter les sensibilités. Mais aucune concession non plus à l'opportunisme, à la manœuvre, ou à la commodité. Ainsi parle la doctrine, qui peut être calme et magnanime parce qu'elle a les assurances de la durée, mais qui, aussi, doit être implacable à toute entreprise dirigée contre elle parce qu'il n'y a pas d'indulgence possible pour les entreprises de perdition.

Quant à nous qui n'avons placé notre espérance, pour le temps et pour l'éternité, ni dans l'État, ni dans la race, ni dans la classe, mais dans le seul Nom où se trouve le salut, nous savons que les Portes de l'Enfer ne peuvent pas prévaloir. Aux sentences de vérité, le national-socialisme répondra, peut-être, s'il reste fidèle à l'esprit qui l'entraîne vers sa propre perdition, par un redoublement de persécution. Tour à tour hypocrite et brutal, il a pourchassé sans cesse, malgré leur loyalisme, tous ceux qui n'acceptaient pas de laisser déformer cet Évangile de lumière et d'amour dont ils s'étaient constitué les témoins. Des jours plus terribles encore peuvent venir demain. Mais la fermeté des confesseurs ou le sang des martyrs ont toujours triomphé du pouvoir des tyrans.

Georges Bidault

N° 1456 — 31 MARS 1937

Islam et chrétienté

On assiste actuellement sur toute la rive méridionale et orientale de la Méditerranée, du Maroc au Liban et à la Syrie, en passant par l'Algérie, la Tunisie et l'Égypte, à un étonnant réveil de la civilisation islamique, à un effort conscient et concerté pour recréer l'unité spirituelle, sinon politique, de la communauté arabe. De cette renaissance, de cet effort, la presse nous laisse parfois apercevoir les signes les plus extérieurs : mouvements nationalistes dans les pays sous mandat, agitation antisémite un peu partout. Mais ce ne sont là que les remous d'une fermentation profonde. [...] Poètes et docteurs, journalistes et romanciers collaborent avec enthousiasme pour faire revivre les grandes traditions de l'Islam, pour rajeunir, en s'adaptant aux besoins de la civilisation moderne, la langue des classiques arabes, pour purifier enfin la religion islamique en la débarrassant des superstitions adventices, des « innovations blâmables » qui ont adultéré au cours des temps modernes le dépôt de la foi primitive.

Quelles qu'en soient les causes et quels qu'en puissent être les effets politiques, c'est une chose en soi assez noble que ce recueillement collectif d'une grande race éparse, qui cherche, dans un approfondissement de sa culture originelle, les sources perdues de sa force et de son unité. Il semble d'ailleurs qu'un excessif attachement aux legs du passé même aux plus embarrassants (telle la vénérable écriture coranique, si inférieure pratiquement à l'alphabet gréco-latin), compromette dans une large mesure les chances de cet essor culturel. Il reste que cet essor existe, et sans chercher ici quelles en peuvent être les conséquences dans l'ordre politique, arrêtons-nous à en considérer la signification historique et humaine. Disons-le d'abord : une renaissance mystique de l'Islam ne doit pas être une cause d'inquiétude pour l'humaniste, ni même pour le chrétien. Sans doute, une christianisation profonde de l'Islam vaudrait infiniment mieux. Mais, à défaut de cette solution idéale, un monde arabe qui purifie sa propre spiritualité est plus près de l'humanisme et du christianisme éternels, qu'un monde arabe dépravé jusqu'aux moelles par l'athéisme et le matérialisme de l'Occident. Les chances de rencontres spirituelles sont plus nombreuses aux profondeurs de la vie mystique qu'aux surfaces de la pensée critique, et surtout que dans les zones d'un vague et bas scepticisme. Cela reconnu, avouons que l'actuel réveil de l'âme islamique porte le signe d'une certaine faillite de la chrétienté. Au prix de séculaires efforts de l'Europe à faire reculer, puis à plus ou moins subjuguer l'Islam. Or, quand deux civilisations entrent en contact, c'est une fois que celle qui a la plus forte densité en esprit — fût-elle la civilisation des vaincus et à plus forte raison quand elle est celle des vainqueurs — s'impose à l'autre.

Quelque respectueux que l'on soit des droits de la culture arabe, on conviendra, je pense, que la culture européenne avait sur elle l'avantage, dans tous les domaines de la technique, de la science, de la philosophie et de l'art. Principalement, elle avait l'avantage dans le domaine de la religion, puisqu'elle s'inspirait des paroles du vrai Dieu, dont le Prophète n'avait entendu que des échos assourdis et brouillés de voix fausses…

Si donc l'Europe n'avait pas failli à sa mission spirituelle on peut prédire à coup sûr qu'elle aurait absorbé la civilisation islamique, non sans e oute pour détruire ce qui en elle était humain, mais pour l'accomplir en la christianisant. Qu'aujourd'hui, l'élite du monde arabe, se détournant de l'Europe, cherche son salut par un retour aux traditions de l'Islam, cela n'aura été possible que par une démission de la chrétienté. Et je songe à cette page si simple et si belle du Voyage du Centurion où Maxence, ayant montré avec orgueil à un jeune Maure un poste émetteur de TSF, s'attire cette troublante réponse : « Oui, vous autres, vous avez le Royaume de la terre, mais nous, nous avons le royaume du ciel ! »

Il est faux que l'Islam possède le royaume du ciel. Mais, devant cette Europe qui loue la violence, l'avarice et la guerre, qui a tant de science et si peu de foi, est-il surprenant que le monde arabe — comme d'ailleurs le monde hindou — entre en doute que l'esprit soit de ce côté et le cherche de nouveau en creusant sa propre civilisation ? La vérité est que l'Europe, en se déchristianisant, se nie. L'humanité n'est pas née pour obéir à une oligarchie d'ingénieurs et de militaires. Quand ils ne sont plus les mainteneurs d'une culture spirituelle authentique, les peuples protecteurs font bientôt figure de tyrans, et rien alors, aucun jeu de diplomatie, aucune ruse politique, ne peut empêcher que les peuples soumis, déçus dans leur plus intime espérance, ne revendiquent par tous les moyens une autonomie où ils croient trouver la voie de leur salut.

Pierre-Henri Simon

N° 1466 — 11-12 AVRIL 1937

Un « rouge chrétien » : M. Van Zeeland

Ah, la belle campagne ! Dans toutes les feuilles bien pensantes, qui enseignent conjointement les vertus de nationalisme, de conservatisme et de conformisme, tout ce qui, en France, est catholique et social — et social parce que catholique — est en train de passer un mauvais quart d'heure. *L'aube* a connu à plusieurs reprises ce déchaînement de haine. Toujours elle y a fait front avec les armes de vérité et de justice. Aussi ne s'en porte-t-elle pas plus mal. Notre journal s'honore même d'avoir vu converger sur lui, à certains moments, toutes les injures, tous les anathèmes, toutes les conspirations. Mais maintenant, c'est bien autre chose.

De *L'aube*, il n'est plus trop question, sans doute parce que les dents se sont bien cassées. Mais c'est sur l'ensemble du mouvement catholique, de celui qui s'inspire des directives pontificales, que s'acharnent les successeurs des intégristes. C'est ainsi que l'hebdomadaire *Sept* a déclenché un feu roulant d'imprécations avec cette interview de M. Léon Blum que *L'aube* a reproduite en son temps. N'étant pas partie au débat, nous n'avons pas à intervenir. Mais supposant qu'un des derniers attaquants, M. Gaétan Bernoville, doit être, vu son ardeur, à la recherche d'un nouveau gibier « rouge chrétien », nous lui proposerons de nous suivre jusqu'en Belgique où il pourra chasser tout à loisir, la « grosse bête ». M. Van Zeeland est digne, en effet, de ses prouesses cynégétiques. Il est de l'espèce « rouge chrétien » pure. N'est-il pas catholique ? N'est-il pas démocrate ? Ne s'oppose-t-il pas aujourd'hui même, sur le terrain électoral, à un autre catholique qui, en révolte ouverte contre les consignes des évêques, va prendre ses mots d'ordre auprès de Hitler et de Mussolini ?

Mais M. Van Zeeland a fait pis encore. Ce bachelier en philosophie thomiste de l'Université de Louvain n'a pas craint de collaborer au pouvoir avec des socialistes et de libéraux (radicaux). Il est vrai qu'il a dit s'inspirer dans son action gouvernementale des principes de *Quadragesimo Anno*. Raison de plus : pour M. Bernoville, ce fait constitue une aggravation. M. Van Zeeland n'a pas borné là ses méfaits. Catholique et moderne, donc en cette double qualité, résolument anticommuniste, il a pensé que la meilleure manière de s'opposer à l'influence de Moscou sur les masses ouvrières consistait dans une œuvre de rénovation économique et de progrès social. Cela, c'est le crime « rouge chrétien » par excellence, c'est-à-dire dans toute son horreur. Penser que combattre le communisme, c'est d'abord réaliser la justice sociale ; croire qu'un prolétariat misérable est la proie toute destinée et certainement excusable des doctrines subversives ; s'imaginer naïvement que promouvoir l'émancipation matérielle et intellectuelle de la classe ouvrière, c'est préparer sa libération spirituelle et morale ; en un mot, travailler dans les faits contre des conditions inhumaines de vie constitue un scandale immense qu'il rejette en malédiction à la tête des « rouges chrétiens ». Or, M. Van Zeeland a pensé cela, a cru cela, a imaginé cela, et il l'a fait. Qu'il soit donc maudit avec nous !

Eh bien ! Supportons allègrement le poids de notre infamie. Avec M. Van Zeeland, soyons « rouges chrétiens ». Pensons qu'il y a du bon travail à faire, dans certains cas, même avec les socialistes. Croyons plus que jamais à l'efficacité du progrès social pour faire reculer le communisme. Imaginons un prolétariat délivré de ses chaînes, dont tous les membres seront considérés et respectés, comme doit l'être la personne humaine. Travaillons à juguler l'égoïsme et la misère pour reconstruire une cité plus fraternelle. Pour cela, suivons le guide…

Suivons-le avec fierté. M. Van Zeeland, « rouge chrétien », le monde entier vient de s'adresser pour lui demander les recettes d'une vie meilleure. La France et l'Angleterre l'ont chargé d'une mission sans précédent : étudier la réorganisation des échanges économiques entre les peuples. Quel honneur pour les catholiques de voir qu'un homme ayant leur foi et leurs espérances s'impose ainsi comme le mieux qualifié ! Son exemple ouvrira-t-il les yeux aux aveugles ? Provoquera-t-on l'enthousiasme ? Suscitera-t-il en France des imitateurs ? Impossible ! Et mieux vaut périr sur place : c'est un « rouge chrétien »…

Louis Terrenoire

N° 1482 — 30 AVRIL – 1ER MAI 1937

Ce que nous dit un prêtre basque témoin de l'atroce bombardement

Il faut laisser de côté la politique et tout ce qu'elle peut engendrer de partial et d'injuste, et juger le crime avec sa conscience d'homme. On ne peut pas demeurer indifférent à l'assassinat de Guernica. C'est tellement vrai qu'une presse unanime, sans distinction de frontière, ou de race, stigmatise avec indignation le geste des aviateurs allemands. Et devant cette condamnation universelle, les responsables nient, mal servis par leurs propres amis, ils s'embourbent en des démentis oiseux qui ne prouvent rien du tout. Franco démentait, mercredi, et rejetait sur les rouges la responsabilité du bombardement. On a vu que Mola, plus cynique, avouait et menaçait Bilbao d'un anéantissement identique. « L'aviation nationaliste, disait-on au quarter général de Salamanque n'a pas quitté ses camps depuis lundi après-midi... » On ajoutait que le mauvais temps en était la raison. Or, dans quel journal partisan de Burgos ai-je donc lu que les forces nationalistes avaient, dans la journée de lundi, bombardé Guernica où, ajoutait-il pour excuser ce geste qu'il admettait tout de même de ses amis, se trouvaient d'importants dépôts d'armes et de munitions ? Quant au mauvais temps, j'ai ou savoir que ce jour-là avait été exceptionnellement clair. J'ai su. En effet, j'eus hier la fortune de rencontrer rentrant d'Euzkadi un éminent prêtre basque dont j'avais la connaissance lors de mon récent voyage à Bilbao.

Cette personnalité eut le triste privilège d'assister à la destruction de Guernica.

— J'avais, me dit-il, deux frères et une sœur à Marquina et ma mère à Aulestia. Arrivé à Bilbao depuis samedi, inquiet de l'avance rebelle, j'entrepris lundi de les engager à quitter leur village au plus tôt. Et lundi, à trois heures de l'après-midi, je partis en auto pour Marquina et Aulestia. J'avais résolu de faire un crochet par Guernica, afin de saluer quelques bons amis à moi. Deux voitures d'ambulance nous accompagnèrent. Elles se rendaient d'urgence à Arbacegui-Guerrikaiz, petit village qui venait d'être bombardé et complètement détruit par l'aviation allemande. J'arrivai sous les murs de Guernica vers cinq heures moins un quart. À ce moment survinrent de la mer trois avions dans lesquels je reconnus facilement des Junkers. Tout de suite les bombes firent d'énormes ravages. Les vitres des maisons se brisèrent simultanément et la rue fut bientôt pavée de milliers de morceaux de verre. Affolée, la population courut se réfugier, qui vers la montagne, qui dans les abris aménagés. J'ai vu, ramassées dans les coins de portes, des femmes tenant leurs enfants serrés contre elles et priant à haute voix et avec un grand calme. Puis ce fut l'attaque en masse. Sept bimoteurs puis six trimoteurs survinrent qui lâchèrent ensemble, comme à un signal donné, toutes leurs bombes. Rester à Guernica eut été se vouer à la mort. La population tenta alors de fuir. Aussitôt, des appareils de chasse volant au ras des montagnes mitraillèrent sans répit les pauvres gens en fuite. Pour ma part, je dus me résigner à voir brûler la ville d'où j'avais dû fuir. Je me trouvais à un kilomètre environ quand un avion, par hasard, aperçut notre voiture. Immédiatement, il s'acharna, et d'autres avec lui. Les balles crépitaient contre les branches des arbres qu'elles déchiquetaient comme une véritable pluie de grêle. Je pus me réfugier sous un petit pont traversant un ruisseau. Là, je trouvai cinq hommes qui se serrèrent pour me laisser une petite place. Au-dehors, des observateurs qui nous avaient vus commencèrent à lancer des bombes aux abords du pont. Nous sentions les déflagrations nous bousculer sous notre précaire abri… Et nous sommes restés là de six heures à huit heures, attendant la nuit comme on attend une espérance. Ce fut elle qui chassa les avions ennemis. Mais Guernica flambait, et l'on voyait jusqu'à plus de vingt kilomètres, les tragiques lueurs de l'incendie…

Ainsi parla ce prêtre, témoin de l'affreux bombardement. L'émotion qui l'animait n'était point feinte. Il revivait devant moi les heures incroyables qu'il avait connues à Guernica. Il y avait en lui de l'indignation sans doute, mais sa douleur de Basque et de prêtre m'apparaissait plus grande encore.

Jean Richard

N° 1501 — 26 MAI 1937

« Unité d'action »

Deux fronts, deux blocs s'opposent, ou, si l'on aime mieux, deux France, une France de droite, une France de gauche. Tel est le fait. Et gare à qui voudrait biaiser et échapper, en petit sournois, à la rigueur des répartitions. D'office, on vous classe d'un côté ou de l'autre. Et, bien entendu, si vous avez la malchance de tomber à droite, vous êtes catalogué fasciste jusqu'à la fin de vos jours ; de même que si vous avez l'infortune d'être porté à l'actif du Front populaire, vous êtes sans rémission étiqueté communiste pour l'éternité. Tout cela, au fond, est absolument enfantin, proprement ridicule et parfaitement odieux. Ceux-là même qui parlent le plus volontiers du langage des deux France me permettront-ils de leur représenter qu'ils passent vraiment d'un excès à l'autre et qu'il n'est pas concevable qu'hier encore partisans d'une indiscipline voisine de l'anarchie, ils soient devenus d'un coup les fanatiques d'une cohésion sans fissure.

Que les uns ou les autres nous puissions rencontrer dans certaines réunions à objectif limité MM. Maurice Thorez ou Jacques Duclos (voire Florimond Bonte !), je n'y vois certes aucun inconvénient.

Mais on me laissera avouer que, pour ma part, je trouverai toujours pus de logique, de plaisir et de profit dans une conversation avec Georges Bidault, Ernest Pezet ou Gaston Tessier. Discipline du Front populaire ? Assurément non, si cette discipline doit être d'essence dictatoriale et interdire des contacts et des ententes entre gens du même esprit et qui ont une commune origine. J'irai plus loin ; cela aurait été encore servir, dans ce qu'elle a de constructif, l'expérience du Front populaire que de lui apporter une collaboration qui n'eût point laissé d'être infiniment plus précieuse que tel maigre et négligeable appoint parlementaire.

Un concours inestimable aurait pu être apporté au gouvernement lorsque celui-ci s'est efforcé de résister aux injonctions de certains extrémistes de la CGT. Le principe de la liberté syndicale pouvait être reconnu et sanctionné dans la loi comme dans les faits. Cela n'a dépendu que de certaine « unité d'action ».

Enfin, il nous appartenait d'éclairer M. le ministre de l'Intérieur sur l'erreur qu'il a commise et confondant dans la même interdiction les deux défilés de Jeanne d'Arc. Ainsi, l'expérience actuelle eût trouvé son compte au rassemblement que nous préconisons. Que dire, si l'on songe que, dans quelques mois, le Front populaire n'existera sans soute plus, puisqu'il est d'ores et déjà acquis que l'accord qu'en sa loyauté M. Blum a reconnu nécessaire ne sera pas prorogé, et qu'il n'y aura ni seconde étape ni nouvelle marche en avant. Oui, Cochinal, vous avez raison. L'heure est favorable et le temps presse. Il faut s'unir.

Et quel meilleur lieu de rencontre que *L'aube* qui a déjà servi entre nous de trait d'union et d'organe de liaison, et sans qui l'irréparable se serait déjà produit ? Devra-t-il s'agir d'un comité d'entente travaillant dans le cadre fixé par un accord des partis, mouvements, et organisations contractants ? Peut-être, pour le début, conviendrait-il de se contenter d'un système plus souple : simple contact périodique permettant toutefois de coordonner les efforts.

Peu importent, au reste, les modalités. L'essentiel est d'en finir avec les conflits qui ont jusqu'ici stérilisé notre action.

Au risque de passer pour un extrémiste, je propose aux lecteurs de l'aube d'adopter et de prendre à leur compte le slogan que connaissent bien les voisins du Vel d'Hiv : « Unité d'action ! Unité d'action ! »

Albert Blanchoin

N° 1508 — 3 JUIN 1937

Un juif indicible

Dans *le Salut par les Juifs*, qui est l'un de ses livres les plus magnifiques, Léon Bloy s'étonne que des catholiques aient pu faire un sort à *La France juive* d'Édouard Drumont, le « Turlupin sacrilège » comme il l'appelle, qui ne craint pas de se faire représenter « en armure de chevalier du Saint-Sépulcre et foulant aux pieds… Moïse ! » et dont le livre est, en effet, blasphématoire. « … Nul d'entre eux, écrit Léon Bloy, ne paraît s'être avisé de savoir — décidément — s'il n'y aurait pas quelque danger grave pour un cœur sacerdotal, à pétitionner pour l'extermination d'un peuple que l'Église apostolique romaine a protégé dix-neuf siècles, en faveur de qui sa liturgie douloureuse parle à Dieu le Vendredi saint ; d'où sont sportifs les patriarches, les prophètes, les évangélistes, les apôtres, les amis fidèles et tous les premiers martyrs ; sans oser parler de la Vierge-Marie et de notre Sauveur qui fut le Lion de Juda, le JUIF par excellence de nature — un Juif — et qui, sans doute, avait employé toute une éternité préalable à convoiter cette extraction. »

Que l'on veuille bien faire attention que chaque mot porte dans cette phrase aussi actuelle que du Bossuet. Ce Juif indicible dont parle Léon Bloy, tout précédé, tout entouré, tout suivi de juifs sans lesquels, nous, gentils, n'aurions pas connu la Bonne Nouvelle, c'est à Lui que je ne pouvais cesser de penser, avant-hier soir, au meeting de protestation contre les derniers pogromes antijuifs en Pologne, organisé rue de Lancry, par la Fédération des sociétés juives de France, que préside M. Jarblum.

Après notre ami Oscar de Ferenczy, avec lequel je fus singulièrement heureux de me rencontrer, je pus expliquer en quelques mots la position de l'aube et les raisons de ma présence.

L'aube n'est pas un journal anti. Elle ne se pose contre personne. C'est peut-être une originalité. Qu'elle vienne de droite ou de gauche, toute opinion qui nous paraît juste et vraie, nous la faisons nôtre. « Ne regarde pas à celui qui parle, a écrit saint Thomas d'Aquin, dans ses conseils à un jeune disciple, mais tout ce que tu entends de bon, confie-le à ta mémoire. » Voilà une première raison pour laquelle l'aube ne saurait être antisémite. Un juif est un homme : rien d'humain ne nous est étranger.

Encore faut-il être humain. Ce n'est pas l'être que d'avoir des préjugés de race et d'exclure de la communauté humaine un groupe d'hommes. Ce n'est pas être catholique, c'est-à-dire universel.

Pour nous, catholiques, si le peuple d'Israël a eu longtemps un destin particulier, ce fut maintenir, à travers l'histoire, la véritable idée d'un seul Dieu et toute la Révélation.

En un moment où l'antisémitisme sévissait en France (au moment de la France juive et de l'affaire Dreyfus), le cardinal de Cabrières déclarait : « Je ne saurais oublier que je bois chaque jour dans le calice le sang d'un Juif qui sauva le monde ». L'antisémitisme nous est aussi incompréhensible qu'il le fut au cardinal de Cabrières. En même temps que des raisons universelles, nous avons des raisons particulières d'aimer le peuple juif, nous qui chantons les psaumes et les prophéties, nous qui adorons, comme Pascal, le Dieu d'Abraham, d'Isaac et de Jacob — nous, enfin, qui adorons ce Juif indicible, le Christ.

Jean Soulairol

N° 1519 — 16 JUIN 1937

Lettre de Moscou
Une crise qui se généralise. Les premières élections au vote secret. Un complot de savants.
(De notre correspondant particulier)

Moscou. L'extermination des adversaires réels ou présumés du régime stalinien, étendue maintenant à la hiérarchie militaire, ces procès, ces exécutions capitales qui se multiplient à un rythme accéléré contre des personnalités si hautes comme Toukachewski (cette lettre a été écrite avant le procès et l'exécution du maréchal Toukatchewski et des sept généraux de l'armée rouge : elle n'en est pas moins intéressante. Note de la rédaction) ne peuvent donner à l'étranger qu'une idée approximative de la grande épuration qui, comme une lame de fond, déferle sur le parti communiste et les organisations qu'il dirige. Nous sommes, désormais, devant une crise généralisée qui affecte désormais la vie quotidienne de tous eux qui vivent ici.

Ainsi que je l'ai écrit naguère, les militants communistes qui, il ne faut pas l'oublier, restent une minorité exiguë, sont devenus pour le plus grand public des êtres dont le contact peut être dangereux et qu'il vaut mieux fuir. La suppression de tant de chefs, hier encore insoupçonnables, les représailles, entreprises, ensuite, contre le menu fretin, exécuté ou déporté en grande série : ces faits ont aggravé un état de malaise qui rappelle la terreur du temps de la guerre civile. Les membres actifs du parti sont considérés désormais comme des gens voués à l'échafaud et au bagne. Et ce qui est plus piteux, c'est l'impossibilité pour ceux qui y sont inscrits, de quitter une organisation devenue un filet pour eux. Se débarrasser de sa carte d'adhérent, se mêler à la foule des profanes, rentrer dans l'ombre constitue, pour un communiste militant, un problème : car les nouveaux fiduciaires de Staline, préposés au gouvernement des organisations locales, surveillent attentivement les fluctuations des cadres. Les membres du parti qui n'ont pas renouvelé leurs cartes à temps sont sommés de fournir des explications à ces surveillants. Le risque d'être mêlé à un procès politique est grand même pour les grégaires, depuis que l'attention des gouvernements s'est portée sur les dirigeants locaux, avec lesquels les militants les plus modestes entretiennent volontiers des relations, autrefois avantageuses. Quelle que soit son attitude, le piège du « trotskysme » guette tout communiste notable. Il guette aussi, depuis peu, les dirigeants syndicaux, qui sont poursuivis en nombre croissant pour dilapidation de fonds publics. Crapuleuses ou politiques, toutes ces affaires, qui se succèdent comme un tourbillon, confirment l'impression d'une déchéance générale irrémédiable…

Telle est l'atmosphère dans laquelle, pour la première fois on a procédé à l'expérience du vote secret pour les élections intérieures du parti communiste. C'était un ballon d'essai, sorte de prélude aux élections politiques, dans lesquelles, pour la première fois, depuis la fondation des Soviets, les électeurs pourront voter en secret également. Cet essai a-t-il satisfait le dictateur et ses conseillers ? Il est difficile de s'en rendre compte par la lecture de la presse qui, tout en constatant que le nouveau système a ramené à la tête des organisations, presque partout, les mêmes chefs, signale en même temps l'incompréhension de tant de vieux dirigeants, incapables de saisir le « nouvel esprit » et qui ont bien des fois empêché le fonctionnement « libre » et normal de la machine électorale. Le fait est que si Staline veut bien garder les hommes dont la fidélité est à toute épreuve, il tend à éliminer les autres, douteux, pour un motif quelconque, mais qui sont difficiles à remplacer. On remplace sans trop de peine quelques leaders tombés en disgrâce, on ne crée pas, en quelques semaines ni en quelques mois, des effectifs nombreux, susceptibles de faire pénétrer « l'esprit nouveau » à la base même de l'organisation communiste. L'idée directrice du dictateur, il faut y insister, est de se faire plébisciter par les masses. S'il leur a accordé le vote secret et direct, c'est pour pouvoir, en s'appuyant sur elles, déloger des organisations de base, politiques et administratives, les communistes zélés qu'il ne peut plus souffrir [...].

En attendant, en dehors du trotskysme presque mythique, des nouveaux courants d'opposition semblent se manifester. Mais, la « démocratie » stalinienne est telle que ces manifestations restent sporadiques, et, pour s'extérioriser, elles empruntent des chemins détournés, étranges, parfois grotesques. Exemple : l'abracadabrantesque histoire des amateurs « généticiens » dont on a parlé avec indignation dans la presse moscovite ces jours-ci.

Une revue de « génétique » qui servait de point de ralliement à un certain nombre de savants, vrais ou faux, attirés par l'étude des lois de l'hérédité, a été découverte comme un foyer de complots contre le régime. Chose étrange : le périodique était édité par le Commissariat à l'agriculture, où les conspirateurs avaient, assure-t-on, des complices. Ce qui a donné l'éveil à la police a été le fait que cette publication destinée à intéresser seulement quelques spécialistes, est devenue soudainement populaire : on la réclamait partout, dans les bibliothèques et on se l'arrachait dans les kiosques, où elle était en vente. Bref, on a constaté que, sous le langage apparemment scientifique, des critiques subversives se trouvaient accumulées. Parmi les accusés figurent les professeurs Lisitaine, Kolesnev, Jebrak, Joukivski, membres de l'Académie soviétique des Sciences.

L'épisode illustre bien les réalisations de celle qu'on a vantée comme « la plus parfaite démocratie du monde » : des hommes de sciences ou des citoyens, assoiffés de liberté, pour communiquer entre eux, sont obligés de recourir à des formules mendéliennes...

A. Dimitrieff

N° 1524 — 22 JUIN 1937

Ce qui restera de l'expérience Blum

Le gouvernement Blum a duré un an. Devant les difficultés financières qu'il s'est, lui-même, en partie suscitées, il a dû renoncer à exercer plus longtemps le pouvoir. Appuyé par une large majorité à la Chambre, réconforté par le résultat des élections municipales de dimanche, il aurait pu céder à la tentation de la violence. Il s'est retiré avec un sens respectable de ce qu'exige la sauvegarde de la paix publique. Il est temps, pour nous, qui n'appartenons pas au Front populaire, de dresser le bilan de son action.

À l'actif de ce ministère, il faut porter son œuvre sociale. Je sais tout ce qu'il eut de précipité et parfois d'improvisé. Je sais toutes les réserves qu'il convient de faire et quelle hardiesse imprudente, c'était d'imposer brutalement à une économie épuisée par cinq ans de crise une loi comme celle de la semaine de quarante heures. Le gouvernement Blum, placé dès son arrivée au pouvoir en face d'une situation révolutionnaire, a eu quelques circonstances atténuantes. Il a mis, dîtes-vous, la charrue avant les bœufs ? Sans doute, mais le sillon qu'il a commencé de tracer ne sera pas et ne peut plus être effacé. Il faut être ignorant des conditions de la vie ouvrière pour ne pas reconnaître que les congés payés, que les conventions collectives, que l'arbitrage obligatoire, que la semaine de cinq jours sont des réformes justes, durables et aimées du public. On a beaucoup parlé dans une certaine presse de paresse à propos de la réduction de la journée de travail. Ce sont des arguments d'écrivains bourgeois qui confondent le travail pénible, mais humain de l'artisan, de l'avocat ou du médecin, avec le travail trop spécialisé de la grande entreprise. Après la guerre, en poursuivant mes études, j'ai travaillé manuellement. J'ai connu le fastidieux travail de bureau dans une grande administration. Je dis, parce que c'est vrai, qu'un homme digne de ce nom ne peut s'intéresser à une tâche morcelée où l'intelligence et l'initiative n'ont point de part. On peut aimer profondément le travail, celui par lequel l'homme mis au contact des réalités existantes du monde extérieur s'accomplit en produisant une œuvre et ne pas aimer l'assujettissement sans joie qu'imposent aux salariés de l'usine, la banque ou le grand magasin. J'ajouterai que les réformes sociales votées par le Front populaire ne sont pas d'inspiration marxiste. Certaines d'entre elles, dans la mesure où elles reconnaissent l'existence et les droits du patronat, où elles supposent son intervention active, amorcent la collaboration des classes. J'apporte donc mon adhésion au principe, si ce n'est à l'application des lois sociales votées depuis un an. L'erreur de M. Blum fut de croire qu'on pouvait faire vivre des lois de collaboration avec l'aide des syndicats, de militants ou de partis auxquels, depuis soixante ans, la lutte des classes est enseignée comme un dogme.

La politique extérieure du gouvernement de Front populaire mérite aussi l'approbation. MM. Delbos et Blum ont su ramener l'Angleterre aux côtés de la France. Ils ont su cependant maintenir la paix en Europe. Cette simple constatation ne constitue pas un mince éloge, si l'on tient compte de la situation européenne et de l'état des esprits en France.

Ils sont bien fous en effet ceux qui, comme les communistes, veulent aviver les conflits entre les démocraties et les dictatures. Ils sont bien aveugles et bien bêtes ceux qui imaginent que l'Italie et l'Allemagne sont sincères dans leur croisade antibolchévique. Non, non, les grands pays de dictature ne sont point menés par des considérations sentimentales. Ils cherchent pour leurs peuples malheureux ou affamés, des débouchés commerciaux, des colonies de peuplement, un moyen, enfin, de se ravitailler en matières premières. Ils ont peut-être raison, de leur point de vue, d'agir ainsi. Nous serions ridicules si nous qui savons, pour une part modeste, mais pour une part tout de même, la charge des intérêts français, nous ne comprendrions pas que ce qui, depuis deux ans, est mis en question, ce sont en Europe centrale, les résultats de notre victoire, et en Méditerranée, les bases de notre empire africain.

Approbation sans réserve de la politique extérieure du gouvernement Blum ; approbation de principe de sa politique sociale ; cela me met tout à fait à l'aise pour dénoncer avec la même netteté les contradictions de sa politique économique et sociale. Cela, c'est une autre histoire sur laquelle j'aurai, hélas ! l'occasion de revenir longuement, car il faut éviter que le prochain gouvernement retombe dans la même ornière. J'ai voulu simplement marquer, dès aujourd'hui, ce qui est durable dans l'expérience qui s'achève. J'ai voulu délimiter aussitôt la partie de l'héritage que le successeur, quelles que soient ses opinions personnelles, devra accepter sans bénéfice d'inventaire…

Georges Hourdin

N° 1539 — 9 JUILLET 1937

La Palestine sera divisée en un État juif et un État arabe

Lorsqu'éclatèrent en Palestine, l'an dernier, les troubles graves qui devaient mettre en prise pendant de longs mois Arabes et Israélites, l'Angleterre s'aperçut que la politique née de la déclaration Balfour, la politique dite sioniste avait complètement échoué. Le rêve caressé par les Juifs répartis dans le monde d'établir sur les terres palestiniennes le foyer national de la race errante, ce rêve apparut à jamais irréalisable. La résistance musulmane l'avait brisé. Installés depuis des siècles sur les rives de la mer Morte et du Jourdain, les Arabes n'entendaient pas se laisser déposséder. L'Angleterre, protectrice traditionnelle du monde arabe, comprit le danger qu'il y avait pour elle de se l'aliéner, alors qu'une autre puissance, l'Italie, guettait sa défaillance pour prendre sa place et utiliser contre elle le ressentiment musulman. Résolu à chercher dans une autre voie la solution du problème palestinien, le gouvernement britannique nomma une commission royale d'enquête, avec pour mission d'étudier le fonctionnement du mandat et de faire toutes les propositions qu'elle jugerait utiles. Cette commission vient de publier son rapport. Ses conclusions sont celles qu'on attendait. Elles suggèrent la division de la Palestine en deux États souverains, un État juif et un État arabe. Le premier couvrirait à peu près toute la côte, mais il consisterait en une bande étroite dont la superficie atteindrait à peine le tiers de la Palestine. Les deux autres tiers demeureraient réservés aux Arabes qui posséderaient ainsi tout l'intérieur du pays avec la mer Morte et le lac de Tibériade. Cependant, étant donné le caractère sacré des trois villes de Jérusalem, de Bethléem et de Nazareth, l'Angleterre se réserverait leur administration, en y établissant un mandat permanent. Elle se ménagerait en même temps un accès à la mer.

À peine connu, le projet de la commission royale britannique suscite les critiques à la fois des Juifs et des Arabes. Les premiers se désolent de voir « leur foyer national » aussi réduit territorialement : c'est pour eux, à brève échéance, l'arrêt certain de l'immigration ; enfin, ils ressentent vivement l'amertume de perdre définitivement Jérusalem. Mais les Arabes ne sont pas moins mécontents de se voir enlever le tiers de la Palestine, ce tiers comprenant toute la côte. Ils ne comprennent pas encore l'avantage qu'il y aura pour eux à constituer un État autonome, qui pourra lier son destin à celui des autres pays arabes.

En dépit de ces oppositions trop compréhensibles, il faut souhaiter que finisse par s'imposer la solution adoptée par l'Angleterre. En dehors d'elle — et sous réserve de l'erreur initiale que fut le sionisme colonisateur —, on ne voit pas comment la Palestine trouverait un statut qui lui garantit la paix. Et il importe pour la tranquillité de tous et pour les intérêts de la France en Syrie et au Liban que cette partie du Proche-Orient échappe aux menaces d'une rivalité raciale néfaste.

Les souvenirs éternels qui demeurent gravés dans la terre de Palestine réclament enfin que l'atmosphère qui les entoure ne soit pas empoisonnée par les querelles les plus pernicieuses qui soient !

Louis Terrenoire

N° 1578 — 15 SEPTEMBRE 1937

Masaryk est mort

Un peuple entier pleure aujourd'hui celui qui fut son libérateur, son chef, son symbole. Aucun mot d'ordre, aucune contrainte n'a agi : c'est d'un cœur libre et d'un élan spontané que la nation tchécoslovaque manifeste autour d'une forme inerte, désormais sans pouvoir en ce monde, l'immensité de sa douleur et de sa gratitude. Telle est la récompense de ceux qui ont cru en la démocratie que, s'ils ont à supporter les critiques auxquelles les dictateurs se soustraient, l'affection, l'admiration et la fidélité qui les entourent son exemptes de crainte comme d'hypocrisie et ne doivent rien qu'à la sincérité des âmes. Celui qui vient de mourir a réalisé presque un miracle. La Bohème était depuis trois siècles murée dans son tombeau lorsque le courage et la foi d'un homme surent s'emparer des circonstances pour la ressusciter agrandie pour la première fois dans l'histoire jusqu'aux limites de ses affinités culturelles. Ainsi naquit la Tchécoslovaquie, œuvre d'un professeur idéaliste que dédaignaient à droite et à gauche les vieux routiers de la politique austro-hongroise. À soixante ans passés, avec une poignée d'élèves, mais appuyé sur la force du sentiment national intense qu'il sut interpréter et même devancer, Masaryk s'improvisa conspirateur et chef d'État. Sur les chemins de l'exil, à travers le monde en guerre, il frappait inlassablement à la porte des gouvernants, ne se laissait pas rebuter par leur ignorance et peu à peu les gagnait à la cause dont il était le champion héroïque et patient. La France fut pour le premier embryon de gouvernement tchécoslovaque la terre d'asile et d'amitié. Briand fut le premier à comprendre et à aider cette grande force, alors humblement en marche vers l'avenir victorieux. La guerre finie, Masaryk fut président de la République tchécoslovaque. Pendant dix-sept ans, jusqu'à ce que l'âge et la maladie l'aient écarté du pouvoir effectif, il fut non seulement le chef de l'État, mais le guide de la nation. Son influence, qui était déterminante en tous domaines, s'exerça dans le sens de la sagesse, de l'apaisement des luttes intérieures, de la collaboration internationale. Car Masaryk, par-dessus tout, était un démocrate. Il a beaucoup fait pour adoucir les heurts au dedans d'un pays tout neuf et où les éléments allogènes sont nombreux. Il a beaucoup fait pour placer la Tchécoslovaquie aux côtés des puissances qui représentent sur le continent la paix, l'ordre, le respect du droit. À tous ces titres, il a droit à la reconnaissance des Français. Il connaissait d'ailleurs notre pays, il l'aimait et il savait qu'entre son peuple et le nôtre, aussi bien l'histoire que la communauté d'idéal et d'intérêts ont formé des liens impossibles à rompre. Sur le pan religieux, on ne peut dissimuler que la philosophie de Masaryk était assez courte. Nourri du XVIIe (encore qu'il détestât Voltaire) et du XIXe, il fit longtemps figure d'anticlérical combatif. L'Église catholique de Bohême eut à souffrir de ses campagnes. Mais, les Habsbourg tombés, toute attache coupée entre les catholiques tchécoslovaques et l'ancien ordre des choses qu'il avait brisé, Masaryk se rapprocha vite d'une conception plus haute et moins partiale du problème religieux. Après avoir été un combattant souvent injuste, il sut devenir un artisan de la pacification. Si la République tchécoslovaque est aujourd'hui en Europe une de ces terres privilégiées devenues rares, où la religion n'est ni persécutée ni asservie, c'est à Masaryk que cela est dû pour une grande part. Et son principal compagnon de luttes et successeur, M. Benès, a sur ce point comme sur beaucoup d'autres poursuivi son œuvre. Qu'on ne s'y trompe d'ailleurs pas, ce démocrate était un spiritualiste convaincu, au Credo un peu vague, mais à la morale très ferme. Auprès du lit de la mort où il repose, plein de jours et d'œuvres, on se souvient avec réconfort des paroles par lesquelles il a maintes fois proclamé sa croyance en une autre vie. « L'espérance en une vie éternelle est la base de notre foi en l'existence », écrivait-il dans un opuscule où il vulgarisait ses idées. Puisse cette espérance, au peuple qu'il laisse orphelin, servir de lumière et de consolation.

Georges Bidault

N° 1585 — 23 SEPTEMBRE 1937

Français, voulez-vous perdre l'Algérie ? Deux poids, deux mesures

Siddi-Okba — Si la population musulmane, en dépit des rancœurs qu'elle conserve à l'égard des chefs, des magistrats indigènes, sans scrupule s'est, avec le temps, accommodée de cette atmosphère de corruption, dans laquelle elle est plongée, elle n'a cessé d'élever des protestations pour demander la suppression du régime d'exception, en vigueur dans l'administration de la justice algérienne.

C'est là qu'apparaît, en effet, le problème dans toute son ampleur : « Il y aura donc toujours deux poids et deux mesures pour rendre la justice en ce pays, ainsi se plaignait un important indigène d'Alger, grand mutilé de guerre ; comment opérer ce rapprochement de deux races qui s'ignorent, quand nous, musulmans, nous voyons chaque jour les Français venus de la Métropole vivre dans a méfiance et dans la peur et traduire cet état d'esprit, dans une justice qu'ils ont faite volontairement boiteuse. »

Un Européen tue un Indigène : il est acquitté ou se voit condamner avec deux ans de prison avec sursis ; un Indigène tue un Européen, il risque l'échafaud, à tout le moins les travaux forcés ; tandis que le premier est traduit en Cour d'assises devant un jury qui a demandé les circonstances atténuantes, le musulman, sujet français, est jugé par une Cour criminelle dans laquelle se confondent le jury et le tribunal : cette Cour criminelle composée du président et de ses deux assesseurs, d'un jury de deux Européens et de deux Indigènes, est placée sous l'autorité du président qui décide lui-même après délibération si l'inculpé est ou n'est pas coupable ; aussi ne peut-on s'attendre à voir jouer les circonstances atténuantes lorsqu'il y a doute. En vertu des pouvoirs qui lui sont conférés par la loi dite de l'indigénat, l'administrateur dispose encore de certains moyens de répression sur la population indigène ; — dans les Territoires du Sud, divisés en quatre territoires militaires, chaque région est commandée par un officier supérieur qui peut infliger trente jours de prison et cent francs d'amende à tout indigène de sa juridiction ; de son côté, le chef d'annexe, maire de la ville et administrateur de la commune, juge et président de la commission disciplinaire, peut infliger sans procès et sans jugement quinze jours de prison et cinquante francs d'amende à tout musulman de son annexe. Un éminent juriste, le professeur Larcher, s'élève dans son traité de *Législation algérienne* contre un régime établi en vertu d'une ordonnance de 1842 « qui pouvait s'expliquer alors que l'armée avait à soumettre et à organiser les populations vaincues, mais a perdu à présent toute sa raison d'être ».

Les Indigènes ne protestent pas tant contre la sévérité du régime disciplinaire tel qu'il leur est appliqué dans toute l'Algérie, que contre l'arbitraire dans lequel il se maintient.

Un grand avocat d'Alger, descendant d'une glorieuse famille française dont le nom fut un programme dans la Métropole il y a une quarantaine d'années, nous confiait avec peine, à voix basse, « un Indigène qui veut vivre en paix, qui ne veut pas voir ses amis malheureux à cause de lui, ne peut en général élever même une faible protestation, pour une injustice flagrante qui se commet contre lui ».

Un instituteur indigène, qui a toujours vécu dans l'accomplissement de son devoir et a élevé toute sa famille dans la pure tradition française, possédait, à Relizanne, dans le département d'Oran, un café maure ; le maire, qui ne lui pardonnait pas d'être un musulman émancipé, et de posséder une instruction supérieure à la sienne, lui ordonna de fermer son café « parce qu'il ne faut pas de café maure dans le centre de la ville » ; et le gouvernement reconnut le bien-fondé de la réclamation de notre Indigène, mais ne peut lui donner satisfaction « car les Européens avaient peur si on lui donnait raison ».

[...]

— Nous devons nous protéger contre l'Arabe, répond l'Européen ; il est pillard, il est menteur ; il est barbare et capable de tous les crimes — ; pourtant, si nous consultons le chiffre officiel des infractions aux lois de l'Indigénat, nous voyons que sur cinq millions d'individus sur lequels se sont portées les observations en 1934, 4 256 se sont rendus coupables d'infractions pour retard non justifié dans le paiement des impôts (2 556), pour refus d'exécution d'un ordre municipal (616), pour refus de comparaître après un avertissement écrit (299).

N'est-il pas temps de revenir sur certains préjugés à l'égard de la population autochtone ; certains fonctionnaires, qui avaient pour mission de faire aimer la France, n'ont-ils pas réussi quelquefois à faire détester l'administration qui la représente ?

Jean Oudinot

N° 1588 — 26-27 SEPTEMBRE 1937

Autre éducation nécessaire

Un reproche constant qu'on fait aux régimes démocratiques — non toujours sans fondement — est qu'ils trompent le peuple par des mirages fiscaux, par des promesses économiques irréalisables.

Notons d'abord qu'il n'y a rien de spécial à ces régimes. Lors de l'avènement de Charles VI, la royauté avide de se concilier une population murmurante, supprima les impôts qu'avait sagement créés Philippe le Bel et qu'il fallut immédiatement rétablir. Tout près de nous, le gouvernement de la Restauration, en quête de popularité, abolit, comme don de joyeux avènement, l'impôt des « droits réunis » qu'avait institué Napoléon, et qui était apparemment nécessaire puisqu'au bout de quelques mois, on le vit réapparaître. Sous certain jour, tous les gouvernements se valent.

Mais qui est ici le vrai coupable, comme jadis ? Le peuple lui-même qui ne veut pas voir qu'on lui fait certaines promesses par pure démagogie et qu'on ne pourra pas les tenir. Je voudrais que, cessant d'être un enfant, il fût le premier à jeter à la face de ses mauvais bergers : « Pourquoi me promettez-vous l'impossible ? Pourquoi vous moquez-vous de moi ? »

Je voudrais que, plus modestement, il donnât encore d'autres preuves d'éducation économique : par exemple, qu'il s'indignât contre ces chalands qui inscrivent sur leur boutique : « Prime à tout acheteur au-dessus de telle somme… Vos dépenses vous seront remboursées chaque mois, etc., etc. » ; qu'il leur criât : « Croyez-vous que je ne vois pas que c'est moi-même qui paye ma prime, qui me rembourse mes achats, avec ce que vous gagnez sur eux ? Me croyez-vous vraiment si naïf ? Me méprisez-vous à ce point ? » J'entends le ricanement de tout un monde : « Alors, vous vous figurez que le peuple va devenir raisonnable ? Cesser de croire à la manne céleste ? Ne plus demander qu'on lui donne la lune ? Comprendre les nécessités économiques des États ? » En effet, je me le figure, quand je vois combien il les comprend mieux qu'autrefois ; quand j'évoque les incursions de dragons dont l'État avait besoin, sous l'ancien régime, pour obtenir l'impôt, et le calme dans lequel il le recouvre aujourd'hui. Il faut que ceux qui veulent que le peuple soit incapable d'éducation politique se résignent : ses progrès dans ce sens depuis deux siècles sont confondants. Il en pourrait bien faire encore d'autres. Si les éducateurs font leur devoir.

Julien Benda

N° 1603 — 14 OCTOBRE 1937

L'Allemagne et la Belgique

Si nous ne vivions dans des temps troublés, il faudrait se féliciter sans arrière-pensée de la déclaration allemande sur l'inviolabilité des frontières belges. Malheureusement, on ne peut pas ne pas s'interroger sur les intentions qui ont présidé de part et d'autre à la préparation de ce geste diplomatique.

Du côté allemand, on a certainement voulu se mettre au niveau de la France et de l'Angleterre qui avaient, dès le 24 avril, fourni à la Belgique les assurances que nécessitait son nouveau statut international. Mais, d'après les explications officielles, Berlin a vu dans l'affaire un autre avantage : empêcher la Belgique de se ranger dans une coalition contre l'Allemagne le jour où les stipulations de l'article XVI du pacte de la SDN pourraient lui en faire une obligation.

À cet effet, le document remis hier au ministre de Belgique à Berlin ne manque pas de spécifier que le Reich ne respecterait pas le territoire belge « au cas où la Belgique, dans un conflit armé où l'Allemagne se trouverait engagée, concourrait à une action militaire contre elle ». Cela va sans dire, lit-on dans le texte. Évidemment, mais qu'on en mesure bien les conséquences, du moins telles que Berlin entend les tirer. Et pour cela prenons un exemple qu'on peut dire classique. Si l'Allemagne attaquait un jour la Tchécoslovaquie, la France pourrait être amenée à demander à la Belgique de livrer le passage à ses troupes.

En vertu des engagements genevois, devrait accorder ce droit de passage. Mais alors, le Reich se trouvera délié de toute promesse. On voit que la question est grave. Elle peut, et nous l'espérons bien, ne jamais se poser. Il faut néanmoins la prévoir et comprendre devant quel cas de conscience dramatique pourrait se trouver placée la Belgique. Dans cet ordre de préoccupations, le commentaire que. M. Spaak a fait hier à Bruxelles du document allemand apporte éclaircissements et apaisements. Le ministre belge des Affaires étrangères a, en effet, déclaré que « la Belgique ne perd pas de vue ses obligations comme membre de la Société des Nations ». « Rien n'est changé dans ce domaine », a-t-il ajouté. M. Spaak a précisé en outre qu'il considérait le statut de son pays, tel qu'il est réglé dans les déclarations franco-britanniques du 24 avril et allemand du 13 octobre, comme provisoire, souhaitant la conclusion d'un accord général qui prendrait la suite du défunt pacte de Locarno. Mais pour que des négociations locarniennes puissent se rouvrir, il faudra auparavant que soient liquidées les difficultés espagnoles. Or, nous n'en sommes pas encore là…

Louis Terrenoire

N° 1611 — 23 OCTOBRE 1937

Le déclin du marxisme

Il y a comme un paradoxe à parler de déclin du marxisme, quand « l'antimarxisme » est, avec « l'antifascisme », l'enseigne des luttes sociales d'aujourd'hui. Et cependant, si l'on analyse avec précision les actuelles tendances socialistes, on ne peut que constater l'effacement des postulats doctrinaux du *Manifeste* et du *Capital*. Les mouvements d'extrême-gauche, vivent, comme disait Renan, du parfum du vase et, de plus en plus, celui-ci se dissipe aux souffles de l'air nouveau.

Les socialismes français, ainsi que l'expose très bien M. Alfred Spire, dans une intéressante thèse récemment soutenue devant la Faculté de Droit de Nancy, sont en effet beaucoup plus informés par la triple crise de l'économie, de la démocratie et de la paix que par des textes souvent ignorés ou par une vulgate devenue imprécise ou banale. D'ailleurs, le socialisme français n'a jamais été complètement marxiste. Seul le rameau guesdiste a accepté la doctrine orthodoxe. Toutes les autres tendances, sous des formes ou à des titres divers, se sont refusées à abdiquer leur originalité révolutionnaire ou réformiste. Benoît Malon et Jean Jaurès qui représentent le plus authentiquement les obligations du terroir, sont en opposition avec Marx sur tous les points essentiels, aussi bien avec le Marx du *Capital* qu'avec le Marx de *La Guerre civile en France*. Et l'expérience a confirmé leurs vues : le Marx du Capital attendait l'avènement du socialisme d'une accumulation croissante de la richesse qui, réduisant les capitalistes à une minorité insignifiante, amenait finalement leur expropriation par l'énorme masse des prolétaires. Transportée sur le plan politique, cette théorie se traduisait par l'accroissement automatique du nombre des électeurs socialistes. Il suffisait de leur donner conscience de leur qualité de prolétaires pour en faire des sociaux-démocrates et d'attendre qu'ils soient la majorité pour faire ou plutôt pour constater que la révolution était faite.

Or, cette confiance dans le déterminisme révolutionnaire, dans la révolution inévitable et prochaine, a été la perte de tous les socialismes. Dans les pays devenus aujourd'hui fascistes ou fascistisants, assoupis en attendant sous l'orme le crépuscule du grand soir, ils se sont réveillés trop tard. Quant à la conception de la dictature du prolétariat, dont Lénine a fait en Russie l'expérience, elle est en train de céder la place en théorie à une « démocratie orientée » : en pratique, à un régime personnel et nationaliste. D'autre part, pour sa propagande dans les pays libres, le communisme a renoncé, extérieurement du moins, à l'internationalisme et à l'action de classe, afin de s'intégrer à la démocratie et de s'annexer celle-ci dans sa lutte contre le fascisme. M. Spire a donc raison de parler d'un « compromis » entre le socialisme traditionnel et les formes nouvelles de socialisme ; il est toutefois difficile de dire s'il y a simplement éclipse tactique ou transformation décisive. Par contre, la thèse de M. Spire nous paraît contestable lorsqu'il voit un témoignage du déclin du marxisme dans l'apparition de mouvements sociaux qui n'ont, évidemment, rien à voir avec lui. Si le syndicalisme de la CGT et même le néosocialisme peuvent être retenus comme témoignages d'une libération, il est difficile de rattacher au socialisme les doctrines de « l'abondance », du radicalisme-socialiste et plus encore de ce que l'auteur appelle le « socialisme chrétien ». Seul, peut-être, le frontisme de M. Gaston Bergery pourrait être considéré comme du socialisme, bien que son chef ne s'y réfère pas expressément. Il y a une parenté frappante entre la thèse de *La Flèche* et celle du socialisme « possibiliste ». La fameuse théorie des « services publics » aboutissement naturel, selon Paul Brousse, de l'évolution de certaines grandes branches de production, d'abord monopolisées au profit de certains particuliers, puis de la collectivité, constitue en réalité toute la doctrine du député de Mantes. Il l'a vêtue comme sa personne, à la dernière mode, mais il n'en a pas changé le fond.

Quant au socialisme des radicaux, il faut s'entendre. Il y a des socialistes chez les radicaux, il y a même un radicalisme social dont Léon Bourgeois a été le doctrinaire, mais il n'y a point de radical-socialisme, au sens du collectivisme. La place de Valois est le plus puissant réduit de l'individualisme français. Reste ce que M. Spire appelle le « socialisme chrétien » qu'il examine avec beaucoup de sympathie, mais dont il ne semble pas avoir exactement saisi l'originalité, du moins en ce qui concerne le catholicisme social. Sans doute, les catholiques sociaux ne sont pas des adversaires systématiques de l'intervention de l'État. Ils préfèrent une réforme faite par l'État à pas de réforme du tout, mais leur conception de l'ordre social est radicalement opposée à celle du socialisme par le rôle prépondérant qu'ils attribuent aux collectivités intermédiaires : famille, cités, professions organisées en corps, s'administrant librement sous le seul contrôle de l'autorité politique.

Alors même que toutes les tendances sociales qu'analyse M. Alfred Spire semblent communier dans un même interventionnisme, peut-être même dans un certain anticapitalisme, elles diffèrent profondément dans leurs points de départ comme dans leurs buts. Elles font, en ce moment, de conserve, un bout de chemin. Nous aimons que la générosité et l'ingéniosité d'un jeune auteur les réunissent dans une même espérance. Nous devons cependant à la vérité de rappeler ici ce qui constitue plus que des nuances.

Marcel Prélot

N° 1619 — 3 NOVEMBRE 1937

Une semaine de prières pour la paix

[...]

Prier, oui, prier. Les chrétiens le répètent et le font, mais avec quel degré de conviction, il n'est pas facile de le dire. Il semble depuis plusieurs années que Dieu ait éloigné sa main de l'Europe, particulièrement des peuples qui se disent encore chrétiens, de leurs dirigeants et de leurs hommes politiques responsables, pour les laisser tomber en proie au désordre et aller tout droit vers une guerre générale. Tandis que les peuples musulmans ont réussi à faire modifier certains de leurs régimes internationaux par le moyen de traités et de conventions obtenus pacifiquement, comme on l'a vu dans l'affaire des Dardanelles, dans celle d'Alexandrette et dans celle des capitulations égyptiennes, les peuples chrétiens se sont battus en Éthiopie, se battent en Espagne, ne réussissent pas à empêcher la guerre sino-japonaise malgré leur énorme puissance.

À qui avoir recours ? Berlin ou Rome (la Rome fasciste), Paris, Londres, Moscou, tous sont armés jusqu'aux dents ; tous plus ou moins sont prêts pour la guerre, si elle doit venir. Il est vrai qu'on fait des efforts pour éloigner le jour fatal, mais en même temps on en établit les prémisses : principalement le réarmement sans limites. Les peuples sont opprimés par le coût des armements : on vit dans une atmosphère d'anxiétés ; il est des pays économiquement ruinés ; au collectivisme russe font pendant les socialismes d'État d'Allemagne et d'Italie ; l'Espagne, d'ici peu, sera un pays moralement et matériellement ruiné. Quand la crise est devenue impossible à supporter, c'est alors que la guerre trouve un terrain favorable. « Il vaut mieux se confier dans le Seigneur que d'espérer dans les hommes ; il vaut mieux se confier dans le Seigneur que d'espérer dans les princes. » Ainsi chante le Psalmiste dans l'Hymne d'actions de grâces à Dieu, libérateur de son peuple (Ps, 117,8).

Ces mots, nous devons les répéter dans nos prières et dans notre action pour la paix. Les indifférents et les incroyants nous railleront : peut-être a-t-on vu Dieu descendre du ciel pour arrêter les combattants ? Ceux-là ne se rappellent pas l'œuvre pacificatrice des saints qui se jetaient dans les factions citadines d'une époque, ni l'action modératrice de beaucoup de papes dans les agitations de la vie internationale ; ils ne se rendent pas compte des valeurs morales de la civilisation chrétienne pour la pacification du monde sauvage, barbare, égoïste ; ils ne pensent nullement que toutes les fois qu'éclate une guerre, c'est parce que l'agresseur (il y a toujours un agresseur) a oublié les préceptes de la morale chrétienne et leur fondement qui est l'amour du prochain.

Si nous avions une foi vive, celle qui transporte les montagnes, nous aurions la paix de Dieu soit dans nos âmes, soit dans la société, soit entre les peuples. Alors, notre prière est exaucée. Mais la foi manque : combien pensent qu'il suffit de la prière pour avoir la paix ? Peu, très peu. Pourquoi ne comprennent-ils pas que la prière n'est pas seulement celle qui consiste à se prosterner dans les églises et à tendre les mains vers Dieu en implorant son secours, mais aussi celle qui consister à pratiquer véritablement cet amour du prochain qu'exprime la prière ? Il semble aujourd'hui qu'on ne cherche pas la paix, qu'on ne prie pas pour la paix, mais pour la victoire de l'un et la défaite de l'autre, l'un étant exalté ; l'autre méprisé et haï, au nom d'idéals profanes (fascisme ou communisme) plutôt qu'au nom de l'amour de Dieu et du prochain.

Luigi Sturzo

N° 1659 — 21 DÉCEMBRE 1937

Structure économique et convention collective

[…]

L'un des objectifs de la convention collective est précisément de réaliser une meilleure répartition des produits du travail, par l'établissement de salaires normaux, d'allocations familiales qui ne soient pas ridicules, de congés payés, etc… Mais, respectant les fondements et les dispositions essentielles de l'édifice capitaliste, elle ne peut, à mon sens, être considérée comme une véritable réforme de structure. Ni le profit spéculatif, ni les monopoles de fait que constituent les grandes firmes « cartellisées », ni la forme actuelle de distribution du crédit, ni la dictature des puissances d'argent sur la politique financière de l'État, voire sa politique tout court, ne sont vraiment menacés par la loi du 24 juin 1936. La structure du régime s'accommode aussi bien de la convention collective que la structure politique de l'État féodal, de la Trêve et de la Paix de Dieu qui pouvaient diminuer l'intensité des guerres seigneuriales, mais n'en faisaient point disparaître la cause. La convention collective n'est, en effet, qu'une forme nouvelle, plus pacifique et plus juste que les anciennes, des rapports du patronat et du salariat. C'est, sans doute, une chose importante, un excellent moyen d'élévation sociale de la classe ouvrière. Elle pourra devenir un précieux instrument de collaboration des divers agents de la production, quand nous aurons enfin dépassé le stade de la pression mutuelle où nous sommes encore. En attendant, rien ne l'empêche, ni en principe ni en fait, de jouer à l'intérieur même du régime capitaliste, dont elle ne modifie que quelques aspects secondaires, sans toucher à la structure intime. Par elle, évidemment, les droits des employeurs se trouvent ramenés en deçà de certaines limites abusivement dépassées, tandis que les droits des salariés font un bond en avant. Mais elle ne porte aucune atteinte aux formes capitalistes de la propriété, du profit, de la production et de la distribution des richesses économiques. C'est pourquoi, en définitive, malgré les incontestables progrès qui en résultent, la convention collective est impuissante, à elle seule, à nous garantir contre le retour de ces crises qu'on appelle « organiques », parce qu'elles tiennent à la structure même du régime parvenu au dernier degré de son évolution.

Maurice Guérin

N° 1659 — 21 DÉCEMBRE 1937

Georges Duhamel et la chair touchée

« Personne, dit Saint-Paul, n'a jamais eu en haine sa propre chair ». Ce n'est pas l'impression qu'on retire de la fréquentation des romans naturalistes dont la triste séquelle empoisonne encore aujourd'hui notre librairie. Il n'y a jamais eu de haïsseurs de la chair humaine comme les Flaubert et les Zola. Qu'on se souvienne de l'affreux tableau que celui-ci fait d'un accouchement, sans que le côté sublime de cet événement aussi grandiose qu'une agonie ait paru le toucher un seul moment ! Et, tout à coup, au milieu de cette littérature de retraités rancuneux et de bourgeois misanthropes, apparaît une espèce de bonhomme frémissant, chétif et raté, pareil à ces végétaux que l'on cultive sous une tuile à l'abri de l'air et de la lumière. Il s'appelle Salavin. Il est là debout devant son chef, en présence de la Présence, comme dit Kipling. Et ce qui le fascine, c'est la chair de cet individu, un homme après tout comme lui, en face de lui, dont il est séparé par d'infranchissables abîmes. Il ne peut plus se retenir. Ce frère au-delà de la fissure, il lui faut à tout prix se vérifier ! Il avance la main, il lui touche l'oreille... Toute l'œuvre de Duhamel se résume dans cet émerveillement et dans ce contact. C'est déjà la préoccupation de l'autre homme, l'idée d'un contact à établir, qui avait réuni pour quelques mois et pour l'élaboration d'une formule de pensée commune les cénobites de l'Abbaye. Et puis la guerre vient. Voilà le chirurgien Duhamel au travail. Cette chair humaine dont il ne cessera jamais d'avoir la sensation, on la lui apportera par tombereaux et par wagons. Il lui faut retrousser ses manches, il lui faut se mettre dedans, les deux mains dedans, non pas seulement les mains mais les yeux, des yeux garnis de fortes lunettes ! Et avec les yeux toute la science, toute l'intelligence, tout le cœur ! La littérature courante du siècle passé est responsable de bien des inepties, elle a découpé dans le carton bien des idoles. Une des plus ridicules est celle du savant impassible et féroce, maniant ses outils avec l'indifférence d'une machine, le héros au cœur de guerre dont l'attitude grandiose et théâtrale est responsable de tant de « planches d'anatomie » prétendument psychologique et morale. En réalité, le savant reste un homme, il est un homme plus complet. L'expérience, les connaissances qu'il a acquises ne lui servent qu'à mieux comprendre le sujet qu'il a placé entre ses mains artistes et bienfaisantes. Pour l'ignorant, ce n'est qu'une viande grossière et répugnante. Pour le savant, c'est une merveille de délicatesse, de sensibilité et de mystère, pour laquelle il ressent à la fois la sympathie d'un ouvrier et l'intérêt d'un explorateur. Aucun dégoût. Un carabin souvent cité a déclaré qu'il n'avait jamais rencontré l'âme sous son scalpel : Duhamel a eu l'expérience contraire. L'âme de tous les martyrs qu'il a interrogés avec le fer, elle lui a répondu. C'est elle désormais qu'il cherchera au travers de tous ces ambulants, de tous ces visages usés par l'expérience et élaborés par le destin, que la vie pousse à sa rencontre. C'est elle qu'il trouvera sous toutes ces armatures que son regard affectueux et attentif de clinicien dépouillera non seulement de leur habit et de leur prétention, mais de leurs peaux. Il leur touchera l'oreille. Il leur répétera le mot qu'il se souvient d'avoir lu autrefois dans un petit livre : *Eppheta* ! Ouvre-toi ! Et cette enquête aboutit profondément à une déception et à une tristesse. Eh quoi ! Cette sympathie humaine dont il sent obstinément en lui qu'elle est la vérité, et à laquelle j'aime mieux donner son vrai nom, qui est la charité, elle n'aboutira à rien ! Elle ne passera pas !

Elle dont on dit qu'elle est plus forte que l'enfer, elle ne réussira pas à venir à bout de cet enfer de froid, de convention, d'égoïsme et de médiocrité ! La nature n'a-t-elle fait notre chair si sensible que pour se rétracter douloureusement, à tout essai d'un contact prolongé ? Telle est l'épopée de Salavin, aussi amère que celle de Don Quichotte. Et l'enquête plus vaste des Pasquier, sur le terrain de l'amour, de l'art, de l'amitié, de la famille, elle aboutit au même résultat : « Tu mourras seul », dit Pascal. Il aurait dû dire, et c'est bien pis : Tu vivras seul. Cette conclusion, Duhamel, dans son cœur, ne l'accepta pas, il sait qu'il a une clef dans la main. Quelle clef ? Celle dont parle Rimbaud. Car il y a une clef : il y a moyen de passer au-delà de cette enveloppe nécessaire, désespérante et en apparence infranchissable de la chair. Il y a un feu caché sous cet horrible déguisement et sous ce poil : « Les mains, les mains sont d'Ésaü, dit le patriarche ; mais la voix, la voix est de Jacob. » Et cette voix à qui notre ami tend son oreille non pas seulement de savant mais de musicien.

Paul Claudel

N° 1664 — 28 DÉCEMBRE 1937

Mains tendues

[...] Le message émouvant par lequel, dès son retour de Rome, le cardinal Verdier a transmis aux Parisiens et, en quelque manière, à tous les Français, la grande consigne de charité donnée par le Souverain Pontife ne pouvait manquer d'éveiller dans l'opinion des échos prolongés, d'obtenir dans les esprits, les cœurs, les consciences, un profond retentissement. En particulier, aux communistes, qui, depuis plusieurs mois, répètent avec insistance le geste de la main tendue, le « message » posait une question précise : « Au nom du Christ, qui vous aime, nous vous saluons. Mais que voulez-vous de nous ? Qu'attendez-vous de nous ? » La réponse ne s'est pas fait attendre ; ou du moins une réponse est venue. Dans *l'Humanité* du 24 décembre, M. Jacques Duclos, affirmant, avec beaucoup d'optimisme, que le « principe de la main tendue » était adopté, a proposé aux catholiques certaines formes d'action concertée : Rassemblement universel pour la paix, comité d'entraide au profit des chômeurs, œuvre de solidarité en faveur des enfants espagnols, lutte contre « les fauteurs de guerre civile à la solde du fascisme international ». Il ajoutait ceci que nous tenons à citer textuellement : « Nous tendons la main aux catholiques pour que, dans un souci supérieur de défense de ceux qui n'ont que leur travail pour vivre, ils réalisent l'union entre les syndicats chrétiens et les syndicats de la CGT où se trouvent déjà de nombreux catholiques. » Nous n'avons pas qualité pour apprécier les divers objectifs ainsi offerts à des activités conjointes ; nous ignorons d'autre part, si M. Jacques Duclos, député communiste, est mandaté, lui, pour aborder le problème d'une entente intersyndicale, mais sur ce dernier point, nous n'éluderons pas le débat. Pour le syndicalisme chrétien, l'année qui s'achève aura été celle des noces d'or, avec tout ce que la célébration d'un cinquantenaire peut résumer, à la fois de souvenirs et d'espérances, de traditions et de promesses. Qu'on le veuille ou non, le syndicalisme chrétien est un fait ancien, mais toujours actuel, dont la réalité grandissante ne saurait être esquivée par prétention ou dédain. Au surplus, dans la parole qui nous est venue hier de Rome et que le cardinal Verdier a transmise avec tant de vigueur et de clarté, nous avons trouvé une confirmation de l'attitude que le syndicalisme chrétien, pour sa part, s'est appliqué à observer : fermeté dans le respect de la doctrine, qui est vraie et qui est une, mais charité envers les personnes, si grandes que soient les différences d'opinions et les divergences de méthodes [...]. M. Jacques Duclos a pris soin de marquer, dans cet article de l'Humanité, que nous citions tout à l'heure : « Les catholiques ont le droit de croire, mais nous sommes bien décidés, en ce qui nous concerne, à ne rien abandonner de nos conceptions laïques et matérialistes. » Voilà justement ce qui, à notre sens, rend impossible l'unité ouvrière, entendue sous forme d'embrigadement dans les cadres d'une seule organisation. Car nous ne pensons pas, nous n'avons jamais admis que l'action syndicale soit restreinte à des appétits matériels, à des revendications de salaires, à des pressions exercées par la force du nombre. L'action syndicale, surtout dans notre pays, se réclame d'une doctrine, est tributaire d'un idéal, s'assujettit à une discipline. Le 7e Congrès international des syndicats chrétiens, qui s'est tenu à Paris en septembre dernier, a manifesté une fois de plus la volonté de sauvegarder, d'étendre les droits et prérogatives de la personne humaine, devant les périls croissants du libéralisme économique et du collectivisme. Est-ce à dire que l'antinomie des principes rende impossible tout accord, même momentané, toute entente, même bien délimitée ? Que non pas ! Il y a longtemps que les syndicalistes chrétiens, pour ce qui les concerne, ont tendu la main à tous les travailleurs de bonne foi et de bonne volonté : ils ont participé, jusqu'à la grève inclusivement, au soutien, au succès parfois, de revendications légitimes. Ils pourraient dire, eux aussi, que leur main tendue n'a pas toujours été bien accueillie ; que trop souvent, depuis dix-huit mois, ils ont été molestés, brimés, persécutés par des éléments supérieurs en nombre… N'importe : ils restent prêts à pratiquer ainsi le cartel intersyndical, pour des objets proches, précis, déterminés. De même, ils demeurent bien résolus à apporter un concours loyal, selon leur esprit, et leurs méthodes, aux efforts qui seraient entrepris pour une meilleure organisation économique et sociale. Ils estiment toutefois que cette rencontre des mains tendues exige le respect mutuel des convictions et suppose donc, en premier lieu, la garantie d'une entière liberté syndicale.

Gaston Tessier

N° 1665 — 29 DÉCEMBRE 1937

Guernica

Guernica ! Comme celui de Reims, il y a vingt ans, ton nom rappelle aux hommes prétendus civilisés, qu'ils peuvent être des sauvages et que rien, ni la supplication des femmes et des enfants, ni les souvenirs les plus sacrés de l'histoire, ni la protestation muette des monuments pétris de foi et d'amour, n'arrête à certains jours leur folie sacrilège et sanglante.

Guernica ! C'est le berceau d'un peuple qui a ses défauts, mais aussi ses qualités magnifiques, et qui, malgré ses maisons incendiées, ses sanctuaires détruits, son indépendance suppliciée, se refuse obstinément à mourir.

Guernica ! L'épisode le plus affreux peut-être de cette effroyable guerre d'Espagne et dont on sait ce qu'il représente aux yeux de lecteurs de ce journal.

Guernica ! Non contents de te voir en ruines, certains voulaient encore t'accabler sous leurs mensonges et leurs sarcasmes ; mais « l'aube » était là qui rétablit la vérité et rentra l'imposture dans la gorge des faux témoins.

Guernica ! Des enfants et des jeunes filles chantaient et dansaient à l'ombre de l'arbre séculaire de la liberté. Sous la pluie des bombes, poursuivis par les balles des gros Junkers, ils ont fui devant eux, les yeux pleins d'épouvante.

Guernica ! La terre de France a recueilli tes enfants dispersés ! Mais l'exil leur est sévère et, entre beaucoup d'autres, un besoin les tourmente, celui de faire aimer à travers leurs chants et leurs danses, l'âme de leur patrie écrasée.

Guernica ! « L'aube », déjà pour toi, avait fait œuvre de justice. Elle veut maintenant remplir une œuvre de charité, en même temps qu'aider à faire connaître le groupe artistique basque « Elaï Alaï » (Hirondelles allègres) que ton martyre a exilé jusqu'aux bords de la Seine.

Guernica ! Ton souvenir héroïque et pitoyable planera sur cette réunion du 8 janvier que les amis de *L'aube* de la région parisienne tiendront dans la salle de la Société de géographie, 184 boulevard Saint-Germain, et où ils applaudiront, dans leurs chants et dans leurs danses, tes malheureux fils expatriés.

ANNÉE 1938

N° 1684 — 21 JANVIER 1938

Idéalistes et réalistes

Il est clair qu'en matière sociale — et en d'autres — la lutte est aujourd'hui entre les « idéalistes » et les « réalistes ». Les idéalistes, ce sont ceux qui veulent faire présider aux relations humaines certains commandements de la conscience, éminemment la justice, et non les lois de la force ; qui essayent d'y faire régner ce qui doit être, et refusent de s'agenouiller devant « ce qui a toujours été ». Ils ont une tendance à ne point tenir compte du relatif et à ne fixer leurs yeux que sur l'absolu. On pourrait dire que leur définition est de demander l'impossible. On les appelle encore des utopistes. Quand ils sont juifs, des messianistes. Les réalistes, au contraire, ne veulent savoir que le relatif, le possible. Leur essence, est de n'avoir point d'idéal, un idéal étant par définition un absolu, une chose au-dessus des réalités, et transcendante à elles. Eux aussi, déclarent-ils, veulent des changements sociaux, des améliorations de la condition des humbles, mais, en partant des « faits », en se fondant sur l'« histoire », en ne lui demandant que « ce qu'on peut demander » ? Je suis nettement pour les idéalistes. Et cela, pour des raisons réalistes. Parce que, en histoire sociale, c'était eux seuls qui ont obtenu quelque chose, et que si les travailleurs n'avaient écouté que les réalistes, leur sort serait encore ce qu'il serait sous Charles le Chauve ou Ninive. Les réalistes déclarent qu'ils feront des réformes justes, mais en ne demandant à la nature humaine que ce qu'elle peut donner. Le malheur est que, selon eux, ce qu'elle peut donner en fait de justice n'est à peu près rien. Quand l'ouvrier se plaint de ses conditions d'existence, on lui répond qu'on les changera, mais assez peu, qu'elles sont déterminées « par la nature des choses », qu'il y a des lois sociales aussi fatales que celles de la pesanteur et de l'optique, que ceux qui lui ouvrent des grands espoirs sont des illuminés ou d'infâmes démagogues. Au surplus, j'attends qu'on me cite un seul exemple d'une sérieuse amélioration du sort des petits dont l'initiative soit due à ceux qui ne veulent savoir que les « réalités ». La vérité est que le peuple n'a jamais obtenu quelque chose qu'en demandant l'impossible. Et il est entendu qu'en demandant long comme le bras, il en obtient long comme le petit doigt. Mais s'il n'avait pas demandé cet impossible, il n'aurait rien obtenu du tout. Les hommes de ma génération ont assisté, dans l'ordre qui nous occupe, à deux phénomènes éloquents : la loi de Waldeck-Rousseau sur les syndicats ; à quoi les réalistes du temps firent une guerre acharnée, traitant l'auteur de métaphysicien criminel, et surtout l'institution de l'impôt sur le revenu. Ont-ils assez clamé qu'avec sa prétention à la « justice abstraite » il était un produit d'idéalistes déments, totalement méprisants des réalités, qu'il violait les lois les plus fondamentales de la nature humaine, que de Brest à Perpignan, toute la France se lèverait plutôt que la subir !... Aujourd'hui, eux-mêmes le trouvent naturel... Il pourrait bien en être de même dans vingt ans, du contrat collectif et de la loi des 40 heures. En matière sociale, les vraies réalisations ouvrières ont toujours été dues à l'initiative d'idéalistes, et rencontré l'opposition des réalistes. Le fait — puisque nos « historiens » ne veulent connaître que le fait — n'est pas « l'empirisme organisateur », c'est l'idéalisme créateur.

Julien Benda

N° 1693 — 1ᴱᴿ FÉVRIER 1938

Troisième voie

Si Pythagore revenait parmi nous, lui qui lisait dans les nombres, la figure de l'univers, il verrait dans la prolifération du nombre trois le chiffre des désordres. Troisième Reich, Troisième force, Tiers parti... Les époques instables se plaisent à nous torturer des antinomies déconcertantes. Elles agissent avec nous comme ces géants subtils et

cruels qui mettaient à la question tout voyageur égaré dans leur île et, si sa réponse était juste, l'immolaient sur l'autel de la Vérité, si elle était fausse, l'immolaient sur l'autel de l'Erreur. C'est à ces moments troubles que l'esprit, ballotté comme une cargaison folle d'un bord à l'autre du non-sens, et ne trouvant entre les deux que compromis, diversion, conciliation confuse ; ramasse tout espoir vers la percée possible dans une direction inattendue.
Comme tout schéma, ce schéma à trois branches n'est pas sans danger. Un représentant d'Esprit peut bien écrire dans *L'aube*, nous sommes un peu responsables des deux formules françaises : vous de Tiers-Parti, nous de Troisième Force. C'est assez dire qu'il doit y avoir des méditations communes à ces deux organes, dont il n'est pas question ici de nier les différences, ni même les divergences. Tout bien pesé, on croit voir pourquoi tant d'adversaires les confondent dans le même mouvement d'irritation. C'est sans doute que, sous leurs options provisoires, souvent incertaines et chargées de regret (mais il faut bien être présent même à une histoire douteuse), leur volonté profonde est de trouver et de défricher cette troisième voie où seulement ils se sentent au sens plein responsables et libres. Pourquoi la nécessité d'une tierce direction répugne-t-elle si fort à beaucoup d'esprits sans préjugés ? C'est parce qu'elle s'est trop souvent jusqu'ici manifestée comme une attitude d'impuissance et d'abstention : « Je suis chrétien, ou simplement je veux être un esprit juste. Je ne puis me donner ni au nationalisme ni à l'internationalisme ; ni au capitalisme ni au collectivisme ; ni à l'esprit totalitaire ni à l'anarchie, etc. Je vais donc me retirer d'un jeu qui ne se joue qu'entre erreurs de même rang. Je marquerais les coups à gauche, les coups à droite, je veillerais à les compter en même nombre, puisqu'il n'y a pas de raison que l'un prévale sur l'autre ». Qu'arrive-t-il ? D'une réflexion légitime au départ, on glisse sur un système. Le schéma des contraires et de la voie moyenne qui nous en délivre va s'appliquer comme un mécanisme à penser, sur tous les problèmes et, au lieu de nous aider à les éclairer, il nous empêchera de les résoudre directement, en corps à corps, avec leurs difficultés chaque fois nouvelles, vers la découverte d'une solution chaque fois précise, et chaque fois imprévisible. Le choix même, sans lequel nous démissionnons de notre fonction d'hommes, devient suspect à ceux qui d'abord n'avaient d'autre désir que d'en assurer l'information : car lui aussi se présente comme une alterna-

tive, exige des engagements violents et exclusifs. À force de se méfier des alternatives inhumaines, ils en arrivent au point où l'abstention leur apparaît comme la seule vertu sans mélange. Ils se fixent sur des valeurs moyennes, et ce n'est pas par médiocrité d'inspiration ; ou bien on les voit louvoyer de droite à gauche, et ce n'est ni par duplicité de doctrine ni par défaut de courage. Ne disons pas que leur attitude est seulement négative. Ils ont le sentiment confus des valeurs qui orientent leurs refus symétriques. Mais il leur manque deux choses pour aller plus loin. Il leur faudrait d'abord une représentation claire et une méditation continue de ces valeurs, en bref une philosophie et une spiritualité ; ou s'ils les ont, ils ne les vivent pas et, par conséquent les laissent improductives. Une doctrine n'est pas un formulaire qu'on applique. Les meilleures deviennent encombrantes si elles ne vont constamment se rajeunir à leurs sources. L'impuissance politique de la France d'aujourd'hui est, à l'origine, une carence de pensée politique, j'entends de cette pensée vivante où la réflexion et la volonté s'entraînent d'un seul mouvement. Ceux qui cherchent les possibilités d'une nouvelle voie doivent se rendre compte que des refus peuvent présager une pensée, qu'ils ne la constituent pas. Parce qu'on a peut-être vaincu l'anticléricalisme et peut-être surmonté la double fièvre fasciste et communiste, rien, strictement rien n'est fait. Le pays pourrait échapper au drame, et tomber dans une torpeur sans gloire, comme ces empires qui traînent pendant des siècles à l'arrière-plan de l'histoire. Certains toutefois font cet effort spirituel de pensée positive. Leur « troisième voie » garde pourtant je ne sais quelle allure d'artifice, de bonne volonté qui travaille dans l'irréel et se dépense pour l'irréel. C'est qu'ils croient trop à la logique et ne sont pas assez attentifs à l'histoire. Si je refuse le blanc et le noir, c'est une grave erreur de croire que mon refus me commande d'opter automatiquement pour le gris. Il y a une tâche plus difficile et singulièrement plus féconde. Décomposons le blanc et étalons devant notre choix la surabondance des couleurs qu'il enferme, et du noir, pour mettre en valeur celles que nous aurons retenues, tirons toutes les ressources de l'ombre. Il y a plus : comme on croyait opportun de le faire remarquer récemment à l'une des tribunes les plus libérales de Paris, il arrive que la vérité soit blanche et il arrive qu'elle soit noire. Elle n'est pas forcément un « milieu » logique. Or, à côté des vérités de principe qui transcendent l'histoire, il y a beaucoup de vérités, en politique notamment, dont le sens historique ne nous donne la clef. Et si le tort des relativistes est d'ignorer les exigences de l'absolu, le tort de beaucoup de fidèles de l'absolu est de rester inattentifs à leur temps, à ses forces, aux mouvements qui s'y dessinent et appellent des gestes particuliers de chaque génération. Si le mouvement ouvrier réside à gauche, je ne me priverai point pour cela d'en reconnaître et d'en rejoindre toutes les ressources véritables, en les séparant aussi rigoureusement que possible des erreurs, mais sans en amortir la vigueur par seule raison d'équilibrer les contraires. Si un certain sens des réalités naturelles, avec le double courant de santé et de poésie qu'il entraîne, est prisonnier des fascismes, je ne rejetterai pas au fascisme tout homme qui en chante les prestiges, et je me garderai bien, en présentant cette santé et cette poésie à la ferveur d'un pays lassé d'abstractions d'en diminuer l'éclat par je ne sais quelle crainte républicaine des sentiments trop chargés. N'oublions pas que l'automobile a d'abord été fixée à son moteur sur une voiture à cheval, et l'électricité sans ampoules dans les vieilles suspensions. Les forces nouvelles empruntent toujours pour quelque temps les formes anciennes de l'histoire. L'aérodynamisme et l'éclairage indirect n'en ont pas moins fait leur chemin, trouvé leurs formes propres. L'essentiel est que l'idée soit puissante, et qu'elles ont de bons observateurs à son service. Ceux qui, en 1880, considéraient la suspension comme le pivot spirituel des familles et ceux qui, dans *Le Monde illustré*, imaginaient des innovations fantastiques dans l'éclairage des grandes villes, seraient sans doute plus émerveillés, et autrement que nous ne l'attendons, en parcourant nos rues et nos immeubles modernes : ils resteraient stupéfaits du triomphe précis et modeste, du visage quotidien des grandes révolutions, de la manière toute simple dont elles déconcertent à la fois la routine, l'utopie, et avec eux, les moyennes logiques, dont elles rejoignent l'homme, et l'apprivoisent.

Emmanuel Mounier

N° 1698 — 6-7 FÉVRIER 1938

La conférence de Jacques Maritain. Les Juifs parmi les nations

Selon la formule classique, une assemblée nombreuse et choisie se pressait — on peut même dire s'écrasait — dans la salle des Ambassadeurs pour écouter la conférence de Jacques Maritain. L'intérêt était double : le sujet lui-même, de brûlante actualité, la personnalité du conférencier : il est singulièrement émouvant de voir un philosophe de profession descendre parmi la foule pour aborder si directement les problèmes de notre temps et rendre témoignage. Maritain pose d'abord le problème tel qu'il se présente dans les pays comme la Pologne où l'élément juif constitue une minorité importante. Certes, on se trouve en face de grandes difficultés mais tout le temps que l'antisémitisme sévira, aucune solution ne sera possible. Plutôt que s'attaquer aux grands maux qui sévissent dans le monde, on préfère détourner la colère des hommes sur Israël, comme si une communauté pouvait être rendue responsable des fautes individuelles, et comme si les crimes des hommes étaient tous commis par des Juifs. En Allemagne, au contraire, où le Juif s'est assimilé, il a participé à toutes les fautes nationales de l'après-guerre, et l'Allemagne punit en lui sa mauvaise conscience. La seconde partie de la conférence, où l'on reconnaît toute l'ampleur de vues philosophique et religieuse de Maritain, est peut-être la plus haute et la plus prenante. Un chrétien peut-il oublier qu'il adore le Dieu des Juifs ? Israël est un mystère comme l'Église en est un. Il continue sa mission sacrée, témoin des Écritures, « activation » de la masse du monde et le monde hait les Juifs comme il hait l'Église pour des raisons très profondes, parce qu'il sent obscurément qu'ils lui sont étrangers. Mais puisque ce problème durera autant que le monde, il faut lui trouver des solutions approximatives dans l'intelligence et l'amour. L'Église a condamné l'antisémitisme, et quelle conscience chrétienne peut haïr une race de qui est né le Christ ?

Enfin, le conférencier montre quel sort est fait aux Juifs dans le monde moderne. En URSS, ils sont presque complètement assimilés et leur culture se trouve ainsi condamnée. Puis voici le racisme allemand avec ses misères et ses hontes. (En passant, Maritain tient à dire qu'il ne désespère pas des réserves de la conscience germanique mais on ne saurait taire la vérité.) Et quels exemples il cite. L'Italie elle-même devient antisémite. L'Autriche, la Lithuanie, la Yougoslavie suivent l'exemple. La Roumanie se distingue tout spécialement et la Pologne où, chose plus triste encore, l'antisémitisme prend volontiers une forme « catholique », comme si ces mots ne juraient pas. Que faire ? Tout faire, employer toutes les solutions, nationales et internationales. Surtout, alerter l'opinion. C'est en nous que résident les sources profondes de l'histoire. Pour tuer tous les germes de la haine, il faut beaucoup d'amour. L'enthousiasme de la salle prouve à quel point le conférencier a été compris. Puissent tous ceux qui l'ont entendu ou qui liront ses pages quand il les aura données à l'impression, se faire les propagateurs de cette doctrine de compréhension et de charité à l'égard des Juifs — la seule authentiquement chrétienne.

Jeanne Ancelet-Hustache

N° 1706 — 16 FÉVRIER 1938

L'Autriche mise au pas ?

Il est tout à fait vain de dissimuler que les événements d'Autriche prennent le tour le plus préoccupant. Après le 4 février, après la chute du cabinet Goga, Hitler a senti le besoin de compenser par un avantage retentissant la perte de prestige qu'il avait subie. On s'est d'abord demandé si l'entrevue qu'il avait eue à Berchtesgaden avec le chancelier autrichien lui avait apporté tous les résultats qu'il en attendait. On répétait volontiers que le chancelier Schuschnigg avait fait front avec courage aux exigences qui lui avaient été présentées. On espérait que l'Autriche pourrait repousser sans trop de concessions ce nouvel assaut contre son indépendance. Hélas ! cette façon de voir les choses trouve de moins en moins de créance. À moins d'un revirement de la dernière minute, la résistance autrichienne risque de se trouver prochainement démantelée par l'entrée dans le gouvernement de Vienne — et à l'Intérieur ! — de l'homme qui est le fondé de pouvoir de Berlin. Cet événement est grave. M. Mussolini n'a pas défendu l'Autriche. Et non seulement il l'a abandonnée, mais il a pesé de tout son poids pour qu'elle se résigne au sacrifice. Un jour prochain l'Italie payera cher la folie du dictateur qui, par orgueil et rancune, a livré à l'antique adversaire les moyens de rétablir sa menace sur les cols des Alpes. Mais peut-être y a-t-il des gens qui comptent sur une catastrophe pour tout arranger. Quant aux puissances d'Occident, on ne leur fera pas compliment. Depuis deux ans et demi, elles n'ont à peu près manqué aucune faute. La moisson qu'elles ont laissé grandir est mûre et le faucheur est entré dans son champ. À l'Autriche qui se débattait sous l'ultimatum, quelle sorte d'encouragement est venue de chez nous ? Le discours de Flandin, qui a été interprété partout comme un acte d'abdication de la France en Europe ? Le jour était bien choisi, l'occasion heureuse ! Nous avons encore les moyens de nous tirer de là. Ces moyens s'appellent union, fermeté, sang-froid, résolution. Faute de les employer, tout est perdu.

Georges Bidault

N° 1720 — 4 MARS 1938

Le geste de Toscanini

La « nazification » de l'Autriche était à peine commencée qu'Arturo Toscanini télégraphiait à Salzburg qu'il résiliait son engagement de diriger de la musique d'opéra ou de concert, au festival, comme les années précédentes. Ainsi avait-il agi quand, en 1933, les nazis arrivèrent au pouvoir en Allemagne : il résilia ses engagements pour la direction d'opéras de Wagner à la saison de Bayreuth.

Précédemment, il avait depuis plusieurs semaines déjà renoncé à diriger de la musique en Italie, où il ne voulut jamais faire exécuter dans ses concerts l'hymne fasciste. Ce fut en 1931 que se produisit le grave incident de Bologne quand, cédant à l'invitation de diriger un concert de bienfaisance, il fut assailli par des fascistes et privé de son passeport. Les protestations générales qui s'élevèrent eurent pour résultat d'empêcher des représailles ultérieures. Toscanini est devenu citoyen du monde. Il n'est pas facile de trouver, dans l'histoire des génies (comme Toscanini en est un, certainement) qui ne se soient pas inclinés devant le plus fort et qui aient manifesté un caractère d'une fermeté de diamant dans toutes les circonstances de la vie. On cite ces quelques géants comme une exception. Nous ne parlons pas des combattants politiques comme Dante, Savonarole, Victor Hugo, mais des génies qui vécurent de leur art exclusivement comme Beethoven, Manzoni, Goethe ; parmi ceux-là, Toscanini tient une place éminente, dédaignant de se montrer, je ne dis pas sénile ou faible, seulement condescendant, à l'encontre de sa propre conviction et de ses idéals. Toscanini ne conçoit pas les idéals éthico-politiques comme un domaine séparé soustrait à l'influence de l'art ; il conçoit l'art comme une fleur de la vie, de toute la vie, prise dans sa synthèse, sentie avec conviction et avec amour. L'art n'est pas pour lui le passe-temps, la distraction, le soulagement même des tristesses de la vie, il est l'épanouissement des facultés supérieures de l'homme, où les idéals moraux et les vertus politiques trouvent une pacification et une intégration supérieures. L'idée bremondienne de la poésie conçue presque comme un état mystique, une prière non encore formulée, peut nous faire comprendre l'état d'âme d'un homme tel que Toscanini. On peut envisager quelle répugnance il éprouverait à trouver dans son public des gens comme les nazis et les fascistes, qui traduisent leurs dissentiments politiques pat des rancunes, un instinct de domination, des intolérances, des haines, qui à travers les personnes arrivent jusqu'à l'art lui-même et en troublent la sérénité. Toscanini a le génie de créer une unité d'atmosphère entre lui, les exécutants et le public, une unité non seulement de sympathies personnelles et d'accords artistiques, mais de ravissement magnétique, où tout concourt à la fusion des âmes. Serait-ce possible s'il se trouvait dans ces salles un noyau, seulement un noyau, de philistins, pénétrés dans un esprit d'hostilité politique qui persisterait même durant le concert, un peu comme une onde maléfique ? Cela suffirait à empêcher l'unification spirituelle de ceux qui, en écoutant, participent intérieurement à la même création musicale. Et que dire si une pareille houle envahit un pays tout entier ? Ainsi Toscanini refuse de se prêter à la profanation de son art par ceux qui ont mis au-dessus des valeurs morales et spirituelles la force, l'orgueil et la violence.

Luigi Sturzo

N° 1727 — 12 MARS 1938

N'ayant pu empêcher l'attentat contre l'Autriche, saurons-nous au moins nous unir au bord de l'abîme ?

Le jour qui vient de s'écouler restera dans la mémoire des Français comme un jour de deuil et, ayons le courage de le dire, comme un jour de honte. Un nouvel ultimatum allemand, répété, semble-t-il, par deux fois, a entraîné aux premières heures de la nuit l'abandon du plébiscite prévu pour demain, la démission du chancelier Schuschnigg, la victoire brusque et totale du national-socialisme en Autriche et, finalement, l'invasion militaire. Jamais l'Europe en tant qu'elle est fondée sur le droit public et qu'elle mérite de vivre, n'a reçu un si insolent soufflet. Il s'agissait d'un plébiscite organisé par un gouvernement où M. Seiss-Inquart, délégué du Führer, détenait l'un des principaux leviers de commande : il est impossible de voir de quelle façon l'impartialité du scrutin aurait pu être mieux assurée. Mais l'Allemagne hitlérienne se rit de l'impartialité. Elle connaît sa force. Elle sait aussi l'indécision chronique de ceux dont elle aurait dû craindre la résistance… L'axe Rome-Berlin lui répond de l'Italie. L'attitude de M. Neville Chamberlain l'assure de l'inaction anglaise. La crise ministérielle en France et les ridicules palabres qui l'ont rituellement accompagnée ont achevé de lui promettre l'impunité. On dit que pendant toute la journée, cette fois encore, Schuschnigg a quêté au téléphone des promesses de concours et d'appuis. Cet appel désespéré est resté sans écho. Pour très large part, nos divisions, nos arguties, les folles querelles de nos partis sont responsables de l'esclavage où se trouve plongée l'Autriche. La colère nous monte au cœur, quand on songe que pendant les très brèves heures où se jouaient sur le Danube le sort de l'Autriche, le sort de la liberté, le sort de la paix, tout ce qui compte en France dans la vie publique était occupé à ergoter sur la quadrature du cercle et à jouer au plus fin, en l'occurrence au plus coupable. Une chose est désormais certaine : nous sommes à l'extrême-bord de l'abîme. Pour éviter toutes les catastrophes, à la fois — guerre et servitude —, il est absolument nécessaire, immédiatement nécessaire, que l'union se fasse, la plus large, la plus ferme, la plus farouche. Tout est en danger dans les choses que nous aimons : la patrie, la liberté, la paix, la civilisation chrétienne. Pour sauver tout cela ensemble, un Français ne connaît plus d'adversaires parmi ses compatriotes décidés à faire leur devoir.

Georges Bidault

N° 1729 — 15 MARS 1938

La plus grande Allemagne et l'Europe

[…]

Maintenant que le fait est accompli, il sera intéressant d'examiner pour chacun des pays qui ont des frontières communes avec l'Allemagne devant quelle situation nouvelle il se trouve. Nous le tenterons à partir de demain pour ceux qui sont le plus immédiatement visés. Notons tout de suite les omissions de M. Elemer Hantos. Qu'il puisse oublier l'Italie, c'est normal. Il s'agit d'une grande puissance qui a passé un contrat avec l'Allemagne et dont le chef sait quelles compensations lui ont été promises, en échange des gains acquis par la victoire de Vittorio Veneto devenue après vingt ans sans objet. Mais la Yougoslavie, la Pologne, la Lithuanie, la Belgique, le Luxembourg et même le Danemark devraient figurer dans l'énumération du professeur hongrois. Nos confrères *Excelsior* et *l'Œuvre* ont publié des cartes répandues en Allemagne et où le rêve de la plus grande unité allemande s'inscrit aux dépens de tous ces États. Pour l'instant, le danger est surtout circonscrit autour du Danube. C'est dans la ligne du *Drang Nach Osten*. C'est aussi lié aux besoins de ravitaillement allemand comme à l'orientation de ses exportations industrielles ; c'est de là enfin que peuvent venir bientôt les appels au secours des minorités allemandes déjà nazifiées et qui rejoueront la comédie, déjà fort bien représentée à Vienne, du bon nazi martyrisé par l'oppresseur. Comment réagiront les petits pays sur lesquels s'étend l'ombre formidable de l'Allemagne nouvelle ? Accepteront-ils d'entrer dans ce « Commonwealth » germanique sur la formation duquel M. von Papen n'est pas avare de confidences ? Dans ce cas, leur situation serait sensiblement inférieure à celle des nationalités qui remplissaient l'ancien empire austro-hongrois. Car l'impérialisme hitlérien couvre toute l'activité humaine : politique, économique, culturelle, spirituelle.

Si les petites nations qui se sont accrochées autour du grand corps allemand voient exactement les perspectives qui risquent de s'ouvrir devant elles et si elles sont secouées par le frisson de la peur, de la saine peur qui réveille l'instinct de conservation, on pourra peut-être encore sauver la paix ; à condition bien entendu que la France et l'Angleterre ne se dérobent pas à leurs responsabilités. Sinon, les vannes de l'écluse sont ouvertes : Hitler — après la chrétienté, après Napoléon, après la tentative de Société des Nations — essaierait à son tour de faire l'Europe. Mais dans cette Europe, nous savons quel sort sera réservé à l'homme libre et au chrétien. C'est toute une civilisation qui est en jeu.

Louis Terrenoire

N° 1729 — 15 MARS 1938

Unité, mouvement

La leçon est cruelle, mais elle est claire. Affreusement cruelle, mais extraordinairement claire. D'un côté, une Europe divisée où chacun tire dans le sens de ses préférences ou de ses commodités immédiates ; une France divisée qui étale ses divisions et dont on se demande parfois si elle n'en jouit pas honteusement ; une Autriche divisée, comme le déroulement des événements ne l'a que trop montré. De l'autre, une Allemagne unifiée, peut-être artificiellement, peut-être provisoirement, du moins toute dans la main de son chef, lorsqu'il s'agit du destin temporel de l'Allemagne. D'un côté, une conception statique de l'ordre international, un équilibre précaire sur les compromis, un attachement respectable, mais peureux à des formules au succès sinon à la noblesse desquelles on ne croit plus ; de l'autre, un peuple jeune et rajeuni, emporté par la passion du mouvement, le goût de l'aventure, l'acceptation du risque, un sens effroyablement dévié, mais effectif et efficace de la vie héroïque. Décidément, le jeu n'est pas égal. Tant que les données en seront telles, le résultat en sera tel. Ce sera toujours le même qui gagnera et les mêmes qui perdront. Il ne dépend pas de nous de changer les lois fondamentales d'une certaine mécanique sociale. On dénonce avec raison cette brutalité, ce cynisme, cette impudeur dans la violence et le mensonge qui nous stupéfient. Réfléchit-on assez à la nature et aux effets de cette atmosphère morale qui leur permet seule à la fois d'agir et de se masquer ? La force matérielle elle-même est forte surtout des démissions de l'esprit.

Les démocraties restent-elles capables de l'œuvre de regroupement intérieur et extérieur, de l'effort d'invention généreuse qui s'imposent ? Sont-elles capables encore de rallier, en elles ou entre elles, les sentiments et les idées qui sont pourtant leur postérité commune en même temps que leur patrimoine commun ? Sauront-elles leur rendre cette vertu conquérante dont ils semblent aujourd'hui vidés ? Hélas ! Me voici à l'âge où l'on sait que les civilisations sont mortelles, où l'on mentirait si l'on se déclarait encore sûr qu'il n'y a jamais pour les meilleures causes d'échecs irréparables. Mais ce que je sais aussi, ce que je crie et crierai aux jeunes mieux défendus contre les tentations de désespérance, c'est qu'immédiatement toute autre préoccupation doit céder, toute œuvre doit être subordonnée à celle-ci : entre tous les hommes libres de tous les pays libres, dégager un minimum de foi commune, lui donner la forme contagieuse et dynamique réclamée par un monde aussi hostile à la dispersion qu'à la nuance.

Le peut-on ? On aura d'autant plus de chances de le pouvoir qu'on le voudra. Le veut-on ? C'est la question première et essentielle. Deux consignes : unité, mouvement ! Ou bien, stoïque ou non, une résignation qui ne gardera quelques apparences de dignité que si elle est du moins silencieuse.

Paul Archambault

N° 1733 — 19 MARS 1938

Le testament de l'Autriche

Si amères soient-elles, nous devons tirer du désastre autrichien les leçons qu'il comporte. Là réside la seule garantie des succès futurs. Il ne s'agit point de marchander aux vaincus notre pitié et notre estime : il s'agit de ne pas laisser perdre cette vérité à laquelle nous n'avons pas le droit de renoncer. Après Brüning, Schuschnigg. En Autriche, comme en Allemagne, le catholicisme s'est montré impuissant à opposer une barrière à l'expansion foudroyante de la religion nationale-socialiste. Certes, l'adversaire était de taille ! Que l'on se représente les puissances de sentiment et d'émotion soulevées dans une masse de soixante-quinze millions d'Européens par la prise de conscience de leur unité. Si longtemps cette masse avait vécu cloisonnée, en de nombreux compartiments ! Si longtemps, tout avait contribué à exaspérer en elles tous les particularismes : ambitions dynastiques et divisions confessionnelles, intérêts économiques et coutumes régionales, en un mot esprit de clocher sous toutes ses formes. Et voilà qu'une voix puissante, libérant l'homme allemand de toutes ces servitudes, élargissait démesurément cet horizon, lui montrant autour de lui, par millions, ces frères qu'il ne connaissait pas et exaltait en lui l'orgueil d'appartenir à une race illustre. Comment serions-nous surpris du sentiment de délivrance né en Allemagne à ces paroles, nous de qui les pères ont vécu le 14 juillet 1790 la fête de la Fédération et en ont gardé un impérissable souvenir ? Ce n'est pas contre cette unité retrouvée par l'Allemagne qu'il saurait être question de protester ; ce n'est pas à elle que la foi chrétienne aurait quelque raison de s'opposer mais bien à l'esprit d'orgueil, d'exclusion et de violence que de faux prophètes ont prétendu lui associer et sur quoi ils ont fondé une religion véritable de la race directement contraire à celle du Christ.

Comment donc le christianisme, dans ce conflit, a-t-il pu être vaincu ? Ce n'est pas certes en raison de je ne sais quelle faiblesse intime qu'il porterait en son sein comme une tare honteuse. La vérité est source de force et nous n'accepterons jamais qu'on nous la montre fatalement vouée à la défaite. Mais il est vrai qu'elle peut être plus ou moins efficacement défendue.

Contre le grand courant d'enthousiasme déchaîné dans tout cœur allemand par la vision de l'unité prochaine, il eût fallu, non pas des mesures de police, mais un enthousiasme plus entraînant encore parce que plus généreux. Il eût fallu faire de Vienne le centre de rayonnement d'un autre germanisme que celui de la race, d'un germanisme vraiment humain. Il n'était plus temps de se réfugier vers le passé et de résister à l'attrait de l'unité au nom d'un particularisme local ; mais on pouvait, par contre, dénoncer dans le racisme un particularisme pire encore ; éveiller dans les cœurs allemands l'inquiétude que ne peut manquer d'éprouver quiconque rompt avec l'ordre humain et montrer dans l'Autriche, allemande et chrétienne, la terre de la liberté. Tout cela, sans doute, n'est aujourd'hui que paroles. D'autres conceptions l'ont emporté dont nous avons vu le succès. Devant l'ultimatum venu de Berlin, le malheureux chancelier Schuschnigg s'est incliné pour ne pas verser inutilement le sang allemand. Et l'on se demande à ses paroles quel eut été le cours des choses si de tels scrupules eussent prévalu à Vienne en février 1934…

On ne lutte pas indéfiniment contre deux fronts. Contre un adversaire aussi puissant que le national-socialisme, on ne se sépare pas d'une fraction importante de son propre peuple. La sagesse véritable est non d'exclure mais d'attirer à soi.

Et cette classe ouvrière, avec laquelle il faut bien compter, il ne suffit pas de lui prodiguer de bonnes paroles ; il faut encore aller la chercher là où elle se trouve et ne pas craindre d'avoir affaire aux représentants qu'elle s'est elle-même donnés. Tels sont les enseignements que nous laisse l'Autriche expirante. Puissent-ils être virilement recueillis et mis à profit pendant qu'il en est temps encore.

Joseph Hours

N° 1733 — 19 MARS 1938

Ce que pense un député ouvrier basque de la situation en Espagne
Au moment où tous les Français s'interrogent, non sans angoisse, sur la situation de l'Espagne, j'ai pu joindre Manuel Robles Arangiz, député ouvrier chrétien de Bilbao, retour de Barcelone. J'attache à son témoignage une valeur toute particulière. Il se fonde, en effet, sur toute une vie de lutte pour les ouvriers basques, sur une grande expérience de la politique espagnole et une connaissance sans illusions (comme il sied à un Basque) des peuples de la Péninsule. Ce témoignage, Robles Arangiz l'a formulé avec une netteté de pensée et de parole, un réalisme populaire.

— Que pensez-vous, lui demandai-je, de la solidarité des travailleurs basques avec l'Espagne républicaine ?

— Ce n'est pas, nous dit-il, une question de sentiment. (Je suis depuis toujours nationaliste basque) C'est une question de fait, une question de vie ou de mort pour mon mouvement. Qu'avec l'aide de l'étranger triomphe le général Franco, c'en sera fait des libertés des ouvriers basques, comme de celles des travailleurs catalans, castillans ou andalous. Ne nous laissons pas abuser par les différences d'idéologie. Du côté de la République, il peut y avoir des conceptions de la démocratie différentes de la nôtre, à nous chrétiens. Mais de ce côté-là, il y a du moins des démocrates — et parmi les hommes au pouvoir. De l'autre côté, je n'en vois pas. À cette heure suprême, je demande à nos amis français de comprendre ce fait, d'écarter la propagande adverse ou d'inutiles subtilités. La lutte des États totalitaires contre le communisme nous paraît une grande mystification. Qui en douterait depuis qu'on a traité le chancelier Schuschnigg de « prisonnier des marxistes » ?

Nous, ouvriers basques, savons par expérience que les militaires espagnols mènent une lutte d'extermination contre toute démocratie, contre toute élévation des travailleurs à une vraie culture, à plus de puissance politique et économique. Par la même expérience, nous savons que cette guerre, c'est, de plus en plus, une entreprise italo-allemande. Mais ceci est votre affaire, à vous Français.

— Précisément, beaucoup de Français voient cela, mais beaucoup aussi se demandent si tout n'est pas perdu pour l'Espagne républicaine.

Robles Arangiz me répond avec force.

— Ce sentiment n'est pas fondé. J'ai vu le peuple basque se défendre quatre-vingt-dix jours presque sans armes. Je connais assez les ouvriers, les paysans d'autres régions de la péninsule, leur patriotisme, leur idéalisme, leur mépris de la mort pour savoir avec quelle résolution ils continueront de lutter. Comme démocrate-chrétien, j'ai constaté à mon dernier voyage que pendant la guerre, le peuple de Barcelone avait progressé dans le sens des réalités sociales, dans la voie de la tolérance. Dans l'ordre militaire, je ne puis qu'admirer l'immense travail d'Indalcio Prieto, comme moi député de Bilbao, ministre de la Défense.

Les Français craignent une démoralisation du front et de l'arrière par disproportion du matériel. Il me faut leur rappeler ici que chaque fois que l'équilibre des forces s'est trouvé rompu au détriment des républicains, ce fut par un nouvel afflux d'hommes ou de matériel étranger. Je dois dire que les peuples de la Péninsule ne comprennent pas que la solidarité des démocraties réponde si peu à celle, éclatante, des régimes totalitaires. Ils se demandent si les Français, si les Anglais comprennent véritablement ce qu'est le totalitarisme à l'œuvre dans le monde ? Voyez ce qu'il fait des Viennois qui n'ont pas pu ou voulu se défendre ! Voyez ce qu'il fait de Barcelone après Guernica et Durango. Nous savons ce qu'il a fait de tant de nos camarades chrétiens tombés en ses mains. Parce que le peuple de Madrid et de Barcelone sait ce qui l'attend, il se battra, si l'armement n'est pas trop inégal.

Robles Arangiz s'arrêta ici pour ne pas empiéter sur nos responsabilités de pensée. Je croirais, quant à moi, manquer à mon devoir envers une vérité longuement étudiée, envers des peuples que j'aime et que j'admire. Si je ne rapportais pas exactement ses paroles. Je remercie l'aube de m'avoir permis de faire entendre en toute liberté ce témoignage sur la guerre d'Espagne à cette heure.

Paul Vignaux

N° 1740 — 27-28 MARS 1938

Ne plus reculer pour ne pas sauter

Certains journalistes français ont été déçus par les déclarations de M. Chamberlain. Vous croyez que c'est à cause de leur imprécision ?

Pas du tout, c'est parce qu'ils regrettent au contraire que le premier anglais ait pris des engagements implicites vis-à-vis de l'Europe centrale. Mais comme ces engagements sont liés à l'attitude française, ils ne désespèrent pas de rallier notre opinion à la politique d'abandon et ils poursuivent de plus belle leur campagne. L'un d'eux écrit avec dépit : « La France ne renie pas sa signature, celle-ci aurait-elle été apposée au bas d'un texte établi il y a treize ans, dans l'État de l'Europe d'alors ! » Il s'agit bien entendu de la Tchécoslovaquie, toujours elle. Et l'on s'empresse de nous démontrer que ni la France ni la Russie ne pourraient apporter à Prague aucun secours suffisamment puissant pour arrêter l'invasion allemande. Évidemment la géographie semble donner raison à cette thèse, mais j'imagine que notre état-major a dû y réfléchir depuis longtemps et l'on oublie que les avions russes peuvent très bien se mettre à la disposition du gouvernement tchèque sans s'exposer aux représailles polonaises et roumaines. Qu'est-ce que 300 kilomètres en vol de nuit ?

Négligeant l'avertissement de M. Chamberlain, disant qu'une guerre en Europe centrale serait difficilement localisée, les partisans du « laissez-passer » à Hitler, se montrent d'avance assurés que la Pologne et la Roumanie ne bougeraient pas, tandis que l'Allemagne s'emparerait de a Tchécoslovaquie. En effet, les troupes allemandes en Slovaquie, c'est la Pologne à demi-encerclée. C'est aussi la vassalisation certaine de la Hongrie, donc le pétrole roumain désormais à portée de la main de Hitler. Qu'on prenne donc la peine d'envisager quelles pourraient être les étapes suivantes. *Mein Kampf* en main, nous verrons que la poussée germanique se dirigera vers l'Ukraine et que pour y arriver les Allemands devront bien passer soir par la Pologne, soit par la Roumanie, soit plus sûrement par les deux. La grande peur de ces deux nations, qui est de ne pas servir de champs de bataille au bloc germano-russe sera donc bien plus justifiée lorsque le Reich s'étendra jusqu'aux Carpathes.

D'ailleurs, avant même la poussée vers l'Ukraine, lorsque l'Allemagne se sera assuré le ravitaillement en pétrole par la Roumanie et le ravitaillement en blé par la Hongrie, elle voudra sans doute régler leur compte aux nations occidentales. En tout cas, elle ne redoutera plus comme maintenant une guerre généralisée, car elle pourra l'affronter avec de plus grandes chances de succès. Ce qui peut sauver la paix, c'est la crainte qu'a l'Allemagne de perdre une nouvelle guerre. Mais si on lui laisse encore enlever quelques positions, les conditions seront renversées. Ainsi nous n'aurons rien évité.

Il ne faut pas dire : « Nous aurons reculé pour mieux sauter », mais « Ne reculons plus et nous ne sauterons pas ».

Louis Terrenoire

N° 1759 — 20 AVRIL 1938

Jeune bourgeois, sur quoi gémis-tu ?

... Il est vrai que tes fins de mois sont laborieuses... toi, l'héritier des épargnants, de ceux à qui M. Guizot disait : « Enrichissez-vous », l'héritier du « bas de laine » national qui symbolisait — quelles que soient sa formation et sa grosseur — les vertus et les conditions des vertus de ta classe, tu connais pour toi et les tiens l'incertitude, l'angoisse du lendemain... c'est en effet un grand sujet de scandale et d'effarement intérieurs ; et quand certaines questions se posent à toi plus lancinantes : « Si je tombais malade... si je venais à manquer. », tu pousses à ton tour le cri des révoltés : « Sont-ce là des conditions de la vie humaine ?... »

Jeune bourgeois, intellectuel et démocrate ne donne pas à tes habitudes, à tes regrets de classe, un caractère universel ; car d'autres jeunes, d'autres Français peuvent évoquer d'autres passés...

... N'as-tu pas remarqué que dans ce même numéro de *L'aube* où ta peine, un jour, fut interprétée d'une manière particulièrement éloquente, nous trouvâmes l'annonce d'une nouvelle étude, d'après l'enquête de Villermé, sur la condition de l'ouvrier il y a cent ans ? Rapprochement fortuit qui n'a pas manqué de saveur. Que n'as-tu rencontré, comme il m'arrive, quelque vieux monsieur au profil aquilin et au veston râpé qui, t'ayant fait admirer le bon ordre d'une généalogie traversant presque de bout en bout notre histoire de France, t'aurait donné, non sans malice, sur des vicissitudes personnelles son interprétation : « Tout vient des Capétiens : ils n'auraient jamais dû ébranler les féodaux. »

Ignores-tu que certains Français peuvent encore se distraire à discuter, comme une affaire de famille, l'opportunité ou l'erreur de la nuit du 4 août 1789 ? Si, coupant l'herbe sous les pieds à tes ancêtres révolutionnaires, d'intelligents aristocrates s'étaient portés et avaient porté leur classe en flèche de la poussée sociale, crois-tu, jeune bourgeois — croit-il ton ami jociste — que la faillite vis-à-vis de la classe ouvrière aurait pu être plus grande, et que les conclusions de l'enquête de Villermé, quarante ans après, auraient pu être plus tragiques ? Quant à moi qui suis une femme, qui suis de ce « prolétariat spirituel... », comme dirait Mounier, qui en suis et qui en ai conscience, je sais fort bien que l'œuvre de ma libération aurait été plus rapide, plus harmonieuse, plus élégante, si l'esprit bourgeois n'avait pas dressé à son tour contre moi les traditions et les tendances aristocratiques. Voilà pourquoi, en face des difficultés actuelles et de ce qui s'effondre aujourd'hui, nous dont les défaites sont dans le passé, nous n'avons pas comme toi, le victorieux d'hier, les tristesses de vaincus. Nous savons qu'une action réparatrice s'accomplit en faveur du plus grand nombre et que malgré la crise et le chômage, le sort de l'ouvrier, par exemple de sa famille, de ses enfants, est supérieur à ce qu'il était dans les années qui précédèrent la dernière guerre. Cependant nous n'appelons pas progrès social ce qui ne serait qu'un déplacement de privilèges et notre optimisme réclame une évolution profitant à tous et favorisant l'ensemble de nos diverses qualités de classe.

Pas plus que quiconque d'ailleurs, nous n'ignorons non plus l'autre angoisse : cette éventualité d'une guerre où « ce qui reste de l'Europe s'abîmerait dans les flammes et dans le sang... dans la négation même des valeurs morales que l'Europe a patiemment édifiées par ses sages, ses héros et ses saints ». Nous ne savons point ce que demain nous réserve, ce qu'après-demain réserve à nos enfants, mais n'allons pas surtout, « par un pessimisme catastrophique » envier le sort de ceux à qui « le sacrifice apparaît normal » parce qu'ils possèdent « le sentiment ou l'illusion de sauver ou de fonder quelque chose ». Si c'était vrai, si la catastrophe arrivait... pour que soit sauvé ce qui constitue l'essentiel de l'effort ancestral, de ce patrimoine commun fait de routes, les expériences humaines, pour que rien n'arrête « la montée vers la lumière » selon une de vos magnifiques expressions, P. Henri Simon, il suffirait peut-être, il suffirait sans doute de rejeter les sentiments de l'illusion qui, pour faciliter le sacrifice, justifient la guerre... il suffirait sans doute de garder devant la souffrance et la mort et de passer à ceux de nos enfants survivants l'austère vérité que la guerre ne fonde rien, ne sauve rien.

Non, quoi qu'il puisse advenir d'elle, elle n'est pas forcément destinée aux sacrifices impuissants et inutiles, la génération à qui les expériences et l'effort du passé transmettent, comme un héritage sans prix, les réalisations de la science et le devoir de l'unité humaine, la génération pour qui les temps sont venus de recevoir dans sa vérité littérale la parole évangélique : « cherchez d'abord le royaume de Dieu et sa justice et tout vous sera donné par surcroît. »

Cécile de Corlieu

N° 1760 — 21 AVRIL 1938

Réponse à Gabriel Marcel

Gabriel Marcel vient de prendre une position hostile à l'union nationale, telle qu'elle a été défendue ici. Dans un article à *Temps présent*, qui n'engage d'ailleurs pas le courageux hebdomadaire catholique, puisqu'il prend place dans une confrontation et que contradictoirement, Pierre-Henri Simon a pu faire entendre en faveur de l'union des raisons du bon sens le plus pressant, M. Gabriel Marcel affirme la nécessité d'une option entre deux politiques étrangères opposées : les Français, explique-t-il, partisans d'une non-intervention absolue dans les affaires d'Espagne, soucieux d'établir ou de rétablir de bons rapports avec l'Espagne de Franco et l'Italie de Mussolini ne sauraient se rallier à un ministère d'union qui risquerait de mener, sous l'influence du communisme, une dangereuse politique d'abaissement du fascisme international. Nos divisions sur la politique extérieure seraient donc un obstacle majeur et d'ailleurs heureux à l'union. L'argument a du poids. La personnalité de M. Gabriel Marcel lui donne de l'autorité et de l'accent. Il importe donc que les partisans de l'union disent clair et net leur sentiment sur ce redoutable sujet.

Il convient d'abord de louer sans réserve la franchise de M. Gabriel Marcel qui découvre ce que tant d'autres dissimulent : nous sommes divisés sur l'union parce que nous ne sommes pas tous ralliés à une politique internationale de fermeté française. Prennent position contre l'union ceux qui redoutent la politique étrangère que l'union rendrait possible. Tout se ramène en fin de compte à cette même question : Où se trouve le plus pressant péril de guerre et quel est le meilleur moyen d'y parer ? M. Marcel ne craint pas de donner une réponse libre de toute équivoque : « Pour le moment tout au moins, le péril de guerre ne peut venir que d'une imprudence ou d'une provocation de notre part. » Cette imprudence et cette provocation, on ajoute qu'elles ne peuvent être risquées que sous la pression des partis de gauche ; ce serait donc défendre la paix que de refuser l'union pour pouvoir lutter contre la politique girondine de la gauche dans une sorte de front commun assez pittoresque puisqu'il va, dans l'ordre de la philosophie du concret, de M. Félicien Challaye à M. Gabriel Marcel et, dans l'ordre du romantisme politique, de M. Galtier-Boissière à M. Charles Maurras. Ainsi donc, à l'heure même où Hitler soumet l'Autriche par cette méthode motorisée et plébiscitaire que vous savez, il se trouve encore un écrivain français et de la plus rare qualité (car l'auteur du Journal métaphysique et du Monde cassé n'est pas un quelconque Louis Bertrand) pour chercher des menaces de guerre dans nos torts à l'égard de Franco et de Mussolini. Traiter de l'union, s'opposer à l'union sans évoquer l'image du péril hitlérien, n'est-ce pas une gageure ? Pourtant, si on y songeait une seconde, le temps d'un éclair de raison, on s'apercevrait que là est le danger qui domine tout, qui emporte tout. Il y a, en politique comme en philosophie, un ordre des questions, et celles que soulève M. Marcel (désignation de diplomates à Rome et à Salamanque), si elles ne sont certes pas négligeables ne viennent qu'en quatrième ou cinquième ordre. Faut-il s'unir pour pouvoir dire à Hitler : « Jusque là et pas plus loin ! » ou faut-il rester divisés pour reconnaître comme des faits accomplis tous les coups de force des maîtres de la Grande Allemagne ? Telle est la première de toutes les questions. M. Marcel a dépensé bien du talent pour donner de fausses raisons à ceux qui ne retardent leur ralliement à l'union que parce qu'ils veulent éluder cette angoissante question ou parce qu'ils la résolvent d'avance dans le sens de l'abdication.

Certes, nous sommes d'accord avec M. Marcel pour dire « paix avec tous les peuples quel que soit leur régime intérieur ». Mais un régime de type fasciste est-il un régime comme les autres, pacifique, et ses voisins sont-ils pacifiques ? N'y a-t-il pas par exemple, dans la nature même du national-socialisme, un appétit de prestige et de victoire ? N'est-il pas dans sa destinée de périr ou de s'étendre ? Cette sorte d'exaltation vitale qui est le propre du régime très au-dessus de l'égoïsme et très au-dessous de la générosité spirituelle ne peut s'entretenir que par une politique d'orgueil et de dynamisme conquérant. De cette politique, il y a des victimes désignées. M. Marcel sait bien que si nous ne faisons pas l'union, les destins s'accompliront. Il convient ici de pousser la précision jusqu'à la brutalité. Est-ce faire une politique girondine que de nous déclarer solidaires de ce vieux pays de Bohème, où paraissent se réconcilier les libertés démocratiques et les libertés chrétiennes et qui, en ce fragile printemps de 1938, a l'honneur d'être le plus exposé ? Est-ce une imprudence de dire tout haut que la frontière de la France et de notre civilisation est là-bas, non, tout près, terriblement près sur les monts de Bohême, des Sudètes et des Carpathes ? Que des avions amis sur les aérodromes de Prague sont tout de même une sécurité pour nos foyers, s'en souvenir quand il est encore temps, est-ce une provocation ? Voilà où se trouve l'option nécessaire : faut-il ou non élever une digue contre la marée hitlérienne et pour cette œuvre de tranquille défense, nous avons besoin de toutes les bonnes volontés françaises, ou faut-il continuer cette politique de Ponce-Pilate qui trahit notre vocation, décourage nos amitiés et compromet la paix ? Là est le dilemme qui ne peut s'éluder. Choisir pour l'abdication, c'est avoir la paix « pour le moment ». Mais alors, il faut que M. Marcel nous propose de gagner l'hitlérisme de vitesse et d'accréditer au plus vite un chargé d'affaires auprès de M. Heinlein. Reconnaître les faits accomplis de demain est plus réaliste encore que reconnaître ceux d'hier ! Après-demain, quelque sage du réalisme proposera de voter des crédits pour une ligne Maginot, le jour où retenir une Alsace dans la communauté française apparaîtra comme une imprudence et une provocation. Ce jour-là, M. Marcel sera avec nous. Que M. Marcel se range dans le camp de ceux qui veulent avoir la paix « pour le moment », une telle attitude est indigne de son beau caractère et de l'inoubliable message de son théâtre et de sa philosophie. Si nous voulons avoir la paix pour le moment, restons désunis. Mais si nous voulons faire la paix, unissons-nous. Il ne faut pas laisser passer l'heure de la France.

Étienne Borne

N° 1766 — 28 AVRIL 1938

Espoirs tournés vers Londres

L'espoir unanime du peuple français accompagne à Londres MM. Édouard Daladier et Georges Bonnet. Si nos compatriotes ne parviennent pas à désespérer de la paix, s'ils observent malgré les menaces extérieures autant de sérénité, il n'est pas douteux qu'on le doit au sentiment de sécurité et de confiance qu'entretient chez nous l'existence de liens étroits entre l'Angleterre et la France. Notre peuple sait qu'aux heures graves il pourra pleinement compter sur l'amitié britannique, il a conscience de la communauté de destin et d'intérêts qui unit les deux pays, enfin il croit un peu naïvement peut-être en une Angleterre invincible dont l'Alliance doit nous porter bonheur quoi qu'il arrive. Les Français ont raison d'attacher ce prix à la nouvelle Entente cordiale, mais ils auraient tort de minimiser la valeur de leur propre apport dans le contrat d'association que nous avons passé avec Londres.

M. Winston Churchill ne manque jamais une occasion de proclamer que l'Angleterre courrait les plus grands dangers si l'armée française ne lui servait plus de bouclier. Le mot de Baldwin : « Notre frontière est sur le Rhin » n'est pas né d'une pensée purement généreuse, mais d'une vue réaliste des conditions vitales de la Grande-Bretagne. Unis pour la défense de cette frontière commune, la nécessité nous commande de l'être aussi dans le monde entier puisque nos Empires peuvent être également menacés. L'entente franco-anglaise n'est d'ailleurs pas qu'une combinaison égoïste de propriétaires nantis. Elle représente, en regard des pays à régime totalitaire, la permanence des idées de liberté et des concepts démocratiques avec toutes les possibilités d'évolution et d'amélioration qui leur sont attachées. Il n'est pas question de diviser l'Europe en blocs idéologiques, mais il n'est pas sans importance que les pays démocratiques affirment dans leur union la fidélité à leur idéal. Et parce que cet idéal comporte la répudiation de la violence sous toutes ses formes, et singulièrement une horreur profonde de la guerre, nous tournons nos regards avec un sentiment d'anxiété et d'espérance mêlées vers ceux qui, pendant deux jours, vont discuter des moyens de nous conserver la paix.

Louis Terrenoire

N° 1771 — 4 MAI 1938

La croix gammée entre les sept collines

La Troisième Rome fait, en service commandé, un accueil triomphal au maître du Troisième Reich. M. Hitler connaîtra donc les acclamations qui paraîtront une grande nouveauté, pour peu que l'on se souvienne des conditions dans lesquelles, au cours des âges, les envoyés du germanisme ont abordé l'Italie. Les frais immenses consentis pour faire au Führer dans la capitale d'un pays pauvre un accueil digne à la Sardanapale sont un fait significatif dans un moment où l'Italie fasciste fête le deuxième millénaire d'Auguste. Arminius doit être bien étonné de ce qui arrive à son successeur. Dans la Ville éternelle que le Pape a quittée, la croix gammée s'étale partout comme un défi à des traditions saintes, partout présentes. Du Colisée au Vatican, des Catacombes au Latran, les pierres elles-mêmes crient la catholicité de Rome. C'est un véritable attentat contre Rome elle-même que l'exhibition intempérante qui y est faite d'un symbole antichrétien chargé de violence et de barbarie, stigmate indubitable de régression intellectuelle et morale. Espérons que les sacrifices consentis à l'axe Rome-Berlin prendront fin avec cette débauche d'insignes provocants, et que, terminées ces fêtes auxquelles la disparition de l'Autriche fournit un dramatique arrière-plan. M. Mussolini reviendra avec notre aide à des vues raisonnables sur la situation du monde et particulièrement celle de son pays. Beaucoup de choses vont dépendre des entretiens qui accompagneront ce voyage à grand orchestre. Il semble que ce soit bien M. Mussolini qui tienne entre ses mains la paix et la guerre. De ce qu'il décidera peut sortir la paix, s'il refuse de s'engager à fond derrière son dangereux chef de file et s'il garde réellement la liberté d'action que l'accord anglo-italien et les négociations franco-italiennes ont pour but de lui faciliter. Mais ce sera la guerre si le besoin de prestige et l'esprit d'aventure l'emportent, si l'alliance se noue étroitement entre les deux voisins du Brenner en vue d'intimider ou d'attaquer les autres.

Il y a des raisons d'espérer que M. Mussolini ne fera pas le pire choix. Mais nous aurions grand tort de nous assurer trop vite. C'est d'ailleurs de la Rome fasciste que nous viennent aujourd'hui les grands motifs de réconfort. (Nous n'en sommes pas étonnés) M. Georges Goyau annonçait hier matin, dans le *Figaro*, une condamnation explicite et détaillée des doctrines racistes qui ont à la base de l'hitlérisme. L'événement ne peut à aucun degré surprendre ceux qui ont si peu que ce soit prêté attention à l'immuable enseignement du Saint-Siège en la matière. Mais le moment choisi et aussi, semble-t-il, la vigueur du ton comme la précision des censures font de cette nouvelle condamnation un événement important, important sur tous les plans. Même si la presse transalpine, muette par ordre, n'y fait pas écho, les déploiements romains ne manqueront pas d'en être affectés. La tradition catholique de l'Italie se trouve alertée solennellement. Et même un pays comme le nôtre, où l'abjection raciste avait, en dépit de son origine, trouvé des serviteurs, ressentira une fois de plus le bienfait de la vérité qui délivre.

Georges Bidault

N° 1778 — 8-9 MAI 1938

Le mai de Jeanne

Je ne sais pas une plus douce image de mai que celle de Jeannette fleurissant les images de la Vierge sur les collines de Domrémy. Car au village, on la nommait Jeannette, comme elle l'a dit simplement dans son procès, dans ce langage français, le plus clair et le mieux sonnant qui soit au monde et qu'elle aura aussi bien parlé. On a beaucoup écrit sur Jeanne d'Arc, surtout depuis un siècle mais rien n'est plus beau que ses propres paroles. Chaque fois que nous les retrouvons, n'est-ce pas comme une pure fontaine printanière dont nous écoutons le cristal ?

Il est heureux cependant que des poètes parmi les plus hauts aient tenu à la célébrer. Dès que l'on évoque son nom, il faut bien penser à Péguy, au *Mystère de la charité de Jeanne d'Arc*, au *Porche de la deuxième vertu*, et à cette *Tapisserie de sainte Geneviève* où il l'appelle si fièrement et si bellement « La sainte la plus grande après sainte Marie ».

Mais je songe aussi à telle page flamboyante de Léon Bloy où la vie de Jeanne d'Arc apparaît à ce magnifique visionnaire d'amour comme un vitrail d'Annonciation. Et, en effet, elle est cela. Tout l'azur du printemps de la France et du paradis ; des lis, des champs de lis ; et l'Archange qui lui parle : et la vierge de Domrémy qui l'écoute, à l'exemple de la Vierge : et l'agneau sacrifié qu'elle sera elle-même à l'imitation de Jésus. Le printemps de Jeanne et le printemps de Marie s'accordent. Oui, c'est toujours à Domrémy qu'il faut revoir la jeune fille lorraine. « Jamais, a dit Mgr Grente dans son beau message de Domrémy, jamais le souvenir de sa terre natale ne la quitta, ni à l'apogée de Reims, ni dans le cachot de Rouen ». Et de rappeler qu'en se rendant au sacre, elle disait : « Ah ! S'il plaisait à Dieu que je retourne à Domrémy, près de mon père et de ma mère, garder leur troupeau et vivre avec mes frères et sœurs. » À ses sinistres juges, elle devait répondre : « si j'étais au milieu des bois, j'y entendrais bien mes voix. » On comprend que Barrès, dans quelques-unes des pages qui sont au sommet de son œuvre, ait voulu la rencontrer là, dans son vallon natal. « Divine douleur, dit-il de ce chétif paysage si mol et si fort, racinien et cornélien ! Il brise le cœur et l'affermit. Perpétuel attendrissement, mais qui formerait des héros. » Ailleurs, dans les Pyrénées, il la retrouvait : « Qui démêlera, écrivait-il, pourquoi de calmes régions, pareilles en douceur et en humilité, produisent la Jeannette de Domrémy et la Bernadette de Lourdes, enfants pures comme des perles, et vers qui s'inclinent les personnes célestes ? » Et il ne craignait point de rapprocher du Bois-Chenu et de la grotte de Massabielle le vallon du petit Racine. « J'y reconnais, ajoutait-il, les plus purs sons de l'âme. » Oui, autant que la poésie se rapproche de la mystique, aspire à rejoindre la prière.

Fleur de prière et de poésie, sainte Jeanne d'Arc n'est pas seulement un sommet de notre pays, elle est un sommet de l'univers. Malgré leurs erreurs, Schiller et Bernard Shaw ne s'y sont pas trompés. Elle passe magnifiquement dans la nuit de Noël de l'Annonce faite à Marie. Que de textes se pressent pour la louer ! Mais je veux penser à la page sublime qu'écrivait Jean Balde l'an dernier pour le mai de Jeanne : « Ces longues collines à moitié revêtues de bois, ces méandres paisibles de la Meuse composaient un chant admirable. Ici, Jeanne a posé ses regards d'enfant… » Ah ! Qu'elle les pose sur tous nos cœurs pour y faire fleurir la juste paix.

Jean Soulairol

N° 1779 — 13 MAI 1938

Le témoignage de Bernanos

C'est entendu : les pamphlets de Bernanos accumulent tous les défauts auxquels expose ce genre dangereux. Car *Les Grands Cimetières sous la lune* sont, comme était *La Grande Peur des bien-pensants*, un pamphlet. Bernanos a beau s'en défendre, il a beau répéter qu'un polémiste « est amusant jusqu'à la vingtième année, tolérable jusqu'à la trentième, assommant vers la cinquantaine et obscène au-delà », il est né et mourra avec les deux dispositions qui font le tempérament du pamphlétaire : une hyperesthésie de l'intelligence, qui crie de douleur au contact de l'erreur, de l'injustice ou seulement de la sottise, et une inclination de l'âme à se délivrer de la tristesse par l'imprécation.

Aussi nobles que soient les motifs, les jugements passionnés évitent rarement de laisser autour d'eux une frange d'iniquité. Pour tuer plus sûrement le coupable, on charge la bombe de plus d'explosifs. Plaise à Dieu qu'il n'y ait point trio d'innocents dans le coup ! Il serait bon aussi de ne pas vouloir tirer sur tout le monde. Bernanos n'aime pas le bien-pensant, le bourgeois médiocre, égoïste, toujours enclin à laisser d'étouffer un christianisme de parade par l'intérêt ou la peur : nous sommes d'accord. Seulement, la même étiquette désigne successivement ou simultanément pour la bastonnade lyrique des dos qu'on s'étonne de voir alignés au même mur : tantôt le bien-pensant, c'est le conservateur rallié, le catholique républicain docile à la houlette de « l'abbé démocrate », et tantôt le « national » à genoux, devant les dictatures étrangères, contempteur de la SDN, lecteur de *Gringoire* et de *Candide.* Il faut choisir. Il ne faudrait pas mettre dans la même charrette M. Philippe Henriot et M. Marc Sangnier, ni même, ne fût-ce que par respect des hiérarchies spirituelles, Claudel et Doriot. Mais le sens des nuances est rarement la qualité des polémistes, surtout quand ils sont éloquents. Et Bernanos est dangereusement éloquent. Pas plus dans ses pamphlets que dans ses romans, il ne sait se défendre contre la tentation oratoire. Son livre, puissant comme un fleuve, déborde en digressions confuses où le cours, plus d'une fois, se perd. Rien de plus magnifique, dans la prose contemporaine, que le style de Bernanos quand il porte. Mais on a souvent, en le lisant, l'impression d'entendre un beau discours dans une langue étrangère que l'on comprendrait mal : les phrases sont toujours somptueuses, les cadences décisives ; mais l'esprit se fatigue à distinguer ce massacre des fantômes dans un crépuscule wagnérien.

Et maintenant, je peux le dire : tant d'indécisions de la pensée, tant de défauts de style, tant de raisons qui en rendent la lecture irritante ou fastidieuse, n'empêchent point que *Les Grands Cimetières sous la lune* ne soient un des livres les pus considérables que notre époque aura produits ; un livre qui comptera dans l'histoire des lettres, et plus encore, dans cette histoire mystérieuse, la plus vraie de toutes, dont le drame se joue au fond des consciences, en s'inscrivant dans cette durée essentielle qui va du temps vers l'éternité. Il y a aussi des livres qu'il serait absurde de vouloir juger par leur contenu et leur forme, de couper phrase par phrase, peser mot pur mot : leur nature n'est pas tant de proposer un certain système de pensée que de révéler une certaine qualité d'âme. Tels sont *Les Grands Cimetières.* Jusque dans le tumulte des idées obscures, jusque sous les plis trop lourds de l'éloquence, une grande âme y frémit. Une âme que le spectacle du mensonge et de l'injustice crucifie. Une âme qui, de sa double hérédité chrétienne et française, a reçu et conservé intact le sens chevaleresque de l'honneur. Oui, l'honneur : le respect de la parole jurée, la protection du faible et du pauvre, la triple fidélité à Dieu, au prochain et à soi-même, voilà, je crois, la flamme qui brûle au foyer de cette conscience d'homme. Ainsi s'explique ce qui paraîtra obscur à certains : l'attitude de Bernanos devant la guerre d'Espagne. On sait qu'il en fut le témoin, pendant de longs mois, dans cette île de Majorque où il habitait avec sa famille. On sait que son fils Yves a servi dans la phalange. Lui-même, catholique, royaliste, et violemment anti-démocrate, n'a jamais caché son antipathie pour le parti gouvernemental. Seulement, il a vu de près la « guerre sainte ». Il a vu le fasciste italien Rossi organiser froidement la Terreur à Majorque et, dans une fermentation de la haine et de la peur, un petit peuple chrétien se soumettre à la loi du crime, à s'accoutumer à tuer lâchement, salement. Alors, le fils a arraché ses insignes de la phalange et le père a élevé cette protestation de l'honneur que l'Europe entendra. Et sans doute, on va lui dire : « Et les rouges ? Et les églises brûlées, les prêtres martyrisés, et ces autres cimetières, plus grands que les vôtres, où sont couchées les victimes des anarchistes et des communistes, » ? Diversion dérisoire que Bernanos peut repousser du pied. En fait, on ne trouve pas dans les 350 pages de son livre, le moindre mot qui implique la moindre indulgence pour les crimes de l'Espagne rouge. Mais s'il y songe moins qu'à ceux de la Croisade, c'est qu'il voit dans ceux-ci un manquement plus essentiel à la foi. Car enfin, les communistes et les anarchistes n'assassinent pas au nom de l'ordre, de la tradition, de l'honneur espagnol ; ils n'ont pas assumé le Christ dans leur guerre. Soldats du mal et de l'erreur, ils conservent jusque dans la persécution une espèce de fidélité satanique. Mais qui mesurera la profondeur d'une trahison qui va jusqu'à tuer, sous le symbole emprunté de la Croix, l'innocent, ce membre du Christ ? Et ne fallait-il pas qu'une voix chrétienne s'élevât pour rappeler que la mission des prêtres de l'Église n'est pas, dans une guerre civile, d'absoudre en service commandé les victimes d'une terreur militaire, mais d'arrêter le bras du bourreau quad ils le peuvent, et, quand ils ne le peuvent pas, de suspendre sur sa tête la malédiction de Dieu ? Sur ces questions brûlantes, Bernanos a parlé avec la tranquille assurance d'un Léon Bloy revendiquant les droits de l'absolu. Les partisans du relatif, les politiques, les « réalistes » lui en voudront âprement. Il s'en doute et, par avance, il leur a répondu. Ah ! Ces réalistes qui ne veulent pas voir la réalité de l'entreprise hitléro-fasciste dans le drame espagnol ! Ces « nationaux », qui se font l'écho de toutes les calomnies lancées contre la France par ses plus dangereux adversaires ! Ces apôtres de la tradition qui rejettent, au nom d'un positivisme machiavélique, le vieil idéalisme chevaleresque de la France chrétienne ! Cette fois, c'est la voix d'un Péguy que Bernanos a trouvé pour venger le bon sens et l'honneur. Certes, je ne signerais pas toutes les pages des *Grands Cimetières*. Mais, devant certains actes de droiture et de courage, ce serait une lâcheté d'approuver en silence. Il n'y a pas tellement de noblesse en ce monde : hâtons-nous de saluer les hommes avec lesquels on pourrait accepter de se faire tuer.

Pierre-Henri Simon

N° 1800 — 9 JUIN 1938

La piraterie aérienne

Chaque jour apporte de Chine ou d'Espagne la nouvelle d'un bombardement aérien. Interminablement les barbares allongent la liste de leurs victimes. Plus ou moins camouflés en Espagne et donnant à leurs massacres de faux prétextes militaires, ils sont en Extrême-Orient beaucoup plus cyniques. Aux démarches de protestations accomplies à Tokyo par la France et par l'Angleterre, il a été répondu en effet que rien ne pourrait arrêter le Japon dans sa volonté systématique de pratiquer le bombardement aérien pour briser la résistance chinoise.

En Espagne, si l'on constate moins cet odieux mépris de l'opinion universelle, c'est au bénéfice de la seule hypocrisie. Car la volonté de perpétrer le crime et de le renouveler en dépit de toutes les objurgations est tout aussi évidente. Les raisons stratégiques avancées pour justifier les bombardements ne tiennent en effet pas debout. Le cas récent de Granollorsd suffirait à le prouver. En réalité, il s'agit comme en Chine, d'un essai de guerre totale, destiné à écraser le moral des populations actuellement visées et à les terroriser à l'avance celles des autres pays d'Europe sur lesquelles pèse dès maintenant la menace des mêmes agressions.

Les responsabilités allemandes et italiennes sont tellement évidentes que de Burgos même on laisse entendre que le général Franco n'aurait pas le contrôle de l'aviation mise à son service. Pour les Allemands notamment, il ne paraît pas douteux que la guerre aérienne d'Espagne se présente comme une sorte de *Kriegspiel* infiniment plus intéressante que les thèmes ordinaires de manœuvres. Les leçons qui seront inscrites en lettres de sang sont beaucoup plus directes que les constructions fictives des stratèges. Depuis quelque temps déjà, et plus spécialement ces derniers jours, les pirates du ciel d'Espagne semblent en outre poursuivre un autre but. On ne peut guère, en effet, considérer comme un résultat du hasard le fait que plusieurs bateaux anglais aient été touchés par des bombes lors des récents bombardements. La presse anglaise fait remarquer que ces navires, tant à Alicante qu'à Valence, ne se trouvaient pas près des quais, mais qu'ils se tenaient groupés avec d'autres à une certaine distance.

Depuis le début de mai, les attaques menées par des avions contre les navires britanniques dépassent la dizaine ; quatorze marins ont été tués, une centaine ont été blessés. On comprend, dans ces conditions, à quel degré d'indignation peut atteindre l'opinion, Outre-Manche. Dès qu'il aura été mis en possession du dossier accablant préparé par le Foreign Office, M. Neville Chamberlain ne pourra pas ne pas prendre une initiative quelconque pour mettre un germe à l'activité des aviateurs criminels que deux puissances étrangères entretiennent dans les rangs de l'armée franquiste.

Ce dossier, Lord Halifax a interrompu ses vacances de Pentecôte pour venir l'étudier à Londres, en même temps que les mesures qui pourraient être prises si la nouvelle protestation qui va être adressée à Burgos n'avait comme les précédentes aucune efficacité ! Sous réserve de toute autre décision plus énergique, l'idée d'un projet de commission d'enquête et de surveillance a été lancée à Londres. Encore que les commissions soient généralement bien longues à se constituer et à se mettre en route, le projet n'est pas sans intérêt. On dit qu'il a déjà séduit l'Amérique, où l'indignation soulevée par les méthodes barbares du triangle Berlin-Rome-Tokyo n'a pas une moindre ampleur qu'en Angleterre.

Si les États-Unis s'associaient à une démarche pratique — quelle qu'elle puisse être — contre les bombardements aériens, ce serait le premier résultat de la campagne courageuse entreprise par le président Roosevelt et son entourage contre la politique de neutralité à tout prix. Et l'on ne voit pas au nom de quoi les « isolationnistes » pourraient s'élever contre une initiative surtout humanitaire et qui doit rallier, en dehors de tout parti pris, tous les hommes qui possèdent un cœur et une conscience.

Louis Terrenoire

N° 1809 — 19-20 JUIN 1938

Ce que nous attendons de la France

C'est une redoutable alternative que celle qui guette les peuples auxquels s'est imposé un régime totalitaire. Si celui-ci vient à tomber, c'est une dictature communiste qui prendra sa succession, et le changement ne bénéficierait qu'à ceux qui, aujourd'hui du côté des persécutés, disposeraient demain d'un formidable appareil de terreur. En tout cas, avec une audacieuse outrecuidance, le totalitarisme de gauche et de droite déchaîne partout ses attaques contre la démocratie, réclame le pouvoir comme si lui seul avait des titres à l'exercer, corrompt l'opinion pour qu'elle favorise, au moins par sa passivité ou ses hésitations, le recours à la force qui est dans ses méthodes. Pendant ce temps, les vieux régimes se contentent de parer les coups, de pratiquer un empirisme sans horizon, enfin, de se confiner dans la défensive ce qui est, on le sait, la plus détestable des stratégies. Celle-ci peut réussir plus ou moins longtemps encore, tant que la génération des hommes élevés dans la tradition libérale formera le gros de l'opinion. Mais que vaudra-t-elle quand domineront de nouvelles couches intoxiquées, même à leur insu, par la propagande fasciste ou communiste ? Il est donc nécessaire de répondre à l'offensive totalitaire par une autre offensive. Ce n'est pas l'Angleterre qui élaborera la formule. Elle est trop insulaire, si l'on peut dire, et les voies qu'elle suivra dans sa politique sociale et économique seraient trop spécifiquement britanniques et trop uniquement pragmatiques pour que le continent les puisse adopter. En outre, il ne s'agit pas d'inventer un moyen terme entre le fascisme et le communisme, ou une sorte de compromis entre la démocratie et la dictature. Il n'est pas davantage question de choisir entre la droite et la gauche, classifications périmées qui aboutissent à la lutte stérilisante des énergies et, au total, font le succès des extrémismes. C'est une troisième voie qu'il faut trouver, où se rencontreraient le respect actif des valeurs morales, l'amour de la liberté et la volonté d'adopter le corps politique et social aux réformes économiques nécessaires.

Constatons tout de suite que l'amoralisme et les violences totalitaires, les persécutions religieuses du nazisme ont restauré le prestige de l'autorité du christianisme. D'autre part, les massacres judiciaires de Moscou, les procédés qui ont abouti à l'Anschluss et menacent la Tchécoslovaquie ont fait mieux apprécier la liberté. Enfin, l'instabilité économique et les luttes sociales qu'elle multiplie et dont elle accroît l'acuité ont révélé l'usure (au moins cela) du système capitaliste ainsi que la nécessité d'une refonte qui mette fin aux privilèges de l'argent en associant le travail aux responsabilités du capital, remis à son plan. Ces idées sont dans l'air. Elles ont en elles, pour parler le langage du jour, un dynamisme capable de balancer et de distancier celui de Moscou comme celui de Rome et de Berlin, il suffirait (ce qui ne v eut pas dire que ce soit facile) d'en faire l'objet d'une vaste concentration nationale, de les mettre en œuvre pour une action décidée et disciplinée. Les succès d'opinion et de réalisation ne lui seront pas longtemps refusés. Quand je regarde autour de moi, je ne vois aucun pays qui puisse tenter et réussir l'expérience, si ce n'est la France. Il faut que ce soit un grand pays. La Belgique a paru montrer la route, avec le Premier ministre Van Zeeland. Hélas ! Les élections de 1936 et la victoire sur le rexisme en 1937 sont venues et l'on est retombé dans l'ornière des anciens partis ! Il faut un grand pays, où les idées soient déjà suffisamment pensées dans les milieux influents et accueillies par certaines zones de l'opinion, pour que l'on puisse sans tarder engager la bataille. La France d'abord, la France seule réunit ces conditions.

Nous attendons d'elle qu'elle montre le chemin. Le voudra-t-elle ? Le pourra-t-elle ? D'ici, il nous semble qu'elle sortirait ainsi des luttes partisanes qui l'épuisent et l'immobilisent dans sa propre réforme et dans son action internationale.

En ouvrant cette tierce voie, elle se sauverait elle-même, et, avec elle, l'Europe qui, dans l'immense majorité de ses peuples, ne veut ni du communisme ni du fascisme, mais que les démons de l'un et de l'autre ne cessent de solliciter.

Ce serait une seconde révolution française.

Élie Baussart
(Charleroi, Belgique)

N° 1825 — 8 JUILLET 1938

Réfugiés

La question des réfugiés dont est saisie la Conférence d'Évian est à la fois dramatique et épineuse. Pour ne pas tout embrouiller, il faut l'envisager, en écartant les passions idéologiques, sous les seuls aspects du juste et du possible, mais avec la ferme volonté de faire que ce qui est juste soit possible. Ce sera une des hontes de notre temps que d'avoir ressuscité en pleine Europe ces migrations de persécutés en quête d'une partie, après qu'on a volé la leur. Si l'on songe au drame de sang et d'opprobre qui est aujourd'hui celui de l'Allemagne, si l'on se souvient de la réaction systématiquement anti-allemande qui fut longtemps de règle dans la plus grande patrie de notre presse, il est permis de s'étonner, et même de se scandaliser en constatant dans quel silence, à peine rompu par quelques cris libérateurs, est aujourd'hui accueillie une des persécutions les plus sauvages à la fois et les plus raffinées auxquelles se soient jamais livrés des êtres à face humaine. Serait-ce que la crainte du « métèque » est plus forte que l'exécration du bourreau ? Efforçons-nous en tout cas de tendre au sentiment de fraternité l'autorité qu'il n'aurait jamais dû perdre chez nous : ce qui ne peut signifier (que les timorés se rassurent) aucune invasion incontrôlée d'un territoire national d'ailleurs insuffisamment peuplé et à plus forte raison aucune intrusion massive des réfugiés dans les catégories professionnelles déjà encombrées.

Dans un monde que le chômage et la crise ont privé de son élasticité ancienne, l'émigration volontaire est tombée à presque rien. L'émigration involontaire en revanche est devenue un phénomène démographique important, pénible et dangereux. Il n'est pas imaginable que des peuples libres condamnent à mourir, ou à un état qui ne vaudrait guère mieux que la mort des gens qu'un décret tyrannique, pour des motifs de race, de religion ou de politique accule à l'expatriation ou au suicide. À la base même du problème des réfugiés, une évidence éclate : les nations civilisées ont le devoir de ne pas entériner, ne fût-ce que par leur passivité, la volonté qu'ont les proscripteurs de réduire leurs victimes au désespoir. Je sais bien qu'il se trouve des gens pour dire plus ou moins ouvertement que cela ne nous concerne pas, qu'il n'y a qu'à laisser ces étrangers se débrouiller avec leurs propres gouvernants : tant pis pour eux si leur sort est sans issue. C'est le raisonnement de Caïn contre lequel s'insurgent, dans une rencontre qui est l'honneur de notre tradition, le sentiment français et la morale chrétienne conjugués.

Il faut que chaque peuple qui a encore souci de son honneur accomplisse sa part de la tâche non désirée qui lui échoit. La France ne peut pas tout faire. Ni en droit on ne peut le lui demander, ni en fait il ne serait sage de le lui conseiller. Mais il y a quelque chose à faire, tous nous avons quelque chose à faire. Si, à notre honte, il se trouvait parmi nous des hommes assez vils ou assez fanatisés pour nier ce devoir de solidarité humaine, je demande qu'on leur achète un pagne d'honneur, quelques plumes multicolores, et un grand anneau pour leur nez. Car il y a des cannibales qui s'ignorent.

Georges Bidault

N° 1830 — 14-15 JUILLET 1938

Chronique féminine.
Difficultés

Fortes de droits nouveaux que leur conférait la loi récente sur la capacité civile de la femme mariée, quelques épouses ont voulu se faire ouvrir un compte de chèques postaux. Le compte de chèques postaux, ou compte courant postal, est un moyen pratique de constituer en une masse liquide de l'argent qui vous est dû ; de conserver à sa disposition telle ou telle somme ; de payer des factures ou d'envoyer des mandats à un tarif avantageux. À leur grande surprise, il leur a été réclamé, comme précédemment, la signature de leur mari. Mme Brunschvig, ancien sous-secrétaire d'État, ayant demandé des explications à l'actuel ministre des PTT, M. Jules Julien, elle a en a reçu une réponse aussi claire que complète. La femme mariée qui demande l'ouverture d'un compte de chèques postaux, dit le ministre, « doit produire une autorisation maritale sauf lorsqu'elle justifie du libre exercice de ses droits matrimoniaux ou lorsqu'elle exerce une profession distincte de celle de son mari » ? En fait, la femme mariée qui « a le libre exercice de ses droits matrimoniaux » est la femme mariée sous le régime de la séparation des biens ; celle qui ne l'a pas est la femme mariée sans contrat ou sous le régime de la communauté réduite aux acquêts. Et le ministre de citer le nouvel article 215 du Code civil : « La femme mariée a le plein exercice de sa capacité civile. Des restrictions à cet exercice ne peuvent résulter que de limitations légales ou du régime matrimonial qu'elle adopte. » « Ceci exclut de facto, poursuit-il, la femme mariée sous le régime de la communauté dans lequel le mari administre seul les biens de la communauté (art. 1421 du Code civil) ; l'art. 1428 précisant d'autre part que, sous ce régime, « le mari a l'administration de tous les biens personnels de la femme ». Cette particularité n'a d'ailleurs pas échappé au Parlement lors du vite de la loi du 18 février 1938 ? Sans son rapport du 23 décembre 1937, M. Delattre s'exprime en ces termes : « La femme pourra donc s'inscrire à une faculté, se présenter à un examen, avoir un compte en banque, signer et recevoir un chèque, ester en justice, accepter une donation, une succession, un legs, être subrogée tutrice, exécuteur testamentaire, etc… Elle pourra faire une donation dans les limites du droit commun ou passer un contrat d'assurance, à condition toutefois que ces actes n'aient pour objet que les biens sur lesquels le mari, en vertu du régime matrimonial, ne possède aucun droit d'administration et de jouissance ». « Tenant compte des restrictions faites par la loi du 18 février 1938, mes services ont estimé, après examen de la question, de concert avec le service du contentieux, que la femme mariée sous le régime de la communauté, n'ayant pas l'administration de ses biens, ne peut obtenir l'ouverture d'un compte courant postal, sans l'autorisation de son mari ». Voilà qui est logique, impitoyablement ! Maintenant, combien y a-t-il de femmes mariées en France qui le soient sous le régime de la séparation de biens ? Pour les autres, pour toutes les autres, le plein exercice de la capacité civile serait-il un simple mirage ? Il le serait de toute évidence, et l'on pourrait dire que la réforme du Code n'intéresse qu'une poignée de femmes mariées si un second projet de loi René Renoult, visant cette fois les régimes matrimoniaux, ne venait d'être déposé à la Commission législative du Sénat. Ce projet, remplaçant la communauté traditionnelle par une participation d'acquêts et donnant à la femme mariée — même sans contrat — un pouvoir d'administration et de jouissance sur les biens communs, permettrait en fin à celle-ci l'exercice de la capacité civile qui lui a été reconnue. Mais ceci n'est encore qu'un projet et l'administration des Postes peut faire remarquer qu'elle se montre actuellement fort bienveillante étant donné les textes de la nouvelle loi. « En matière d'ouverture de comptes, dit encore le ministre, l'administration des PTT applique des règles plus libérales que celles qu'observent les banques. Celles-ci exigent en effet, l'autorisation maritale de toutes les femmes mariées sous un régime autre que la séparation des biens, même lorsqu'elles exercent une profession distincte de celle du mari, et fondent cette obligation sur l'art. 216 du Code civil modifié comme suit par la loi du 13 février 1938 : « Le mari peut s'opposer à ce que la femme exerce une profession séparée. » Ainsi donc, la femme mariée qui, d'après une loi de 1907, avait la libre disposition de son salaire et le droit d'avoir un compte personnel en banque, se trouve dans une situation plus difficile depuis que le législateur lui a accordé, à elle aussi, le plein exercice de sa capacité civile.

On pourrait en rire si la méfiance qu'ont eue certains sénateurs à l'égard de l'épouse et de la mère françaises n'était un fait profondément triste. Cette fois, les associations féminines ont compris ce qu'elles avaient à faire : s'unir. S'unir dans un Comité de liaison pour que la Commission législative du Sénat n'ignore rien des aspirations et de la volonté féminines.

Si les femmes se mettent toutes ensemble à réclamer la même chose… les difficultés ne pèseront pas lourd !

Hélène Dufays

N° 1831 — 16 JUILLET 1938

Conditions du dialogue

J'ai promis, il y a longtemps, aux lecteurs de *L'aube* un article où je rechercherais devant eux, avec eux, à quelles conditions le dialogue français, dans les tragiques circonstances où notre pays, l'Europe et le monde se trouvent aujourd'hui placés, peut et doit continuer. Je crois d'abord qu'il ne faut pas taper sur le pianiste, je veux dire sur l'interlocuteur qui, par définition, n'est pas de votre avis. Ce devrait être la première règle de la civilité démocratique. À partir du moment où l'on fait intervenir la force dans un débat, on administre la preuve que l'on n'est pas sûr de son fait. J'entends bien que cet usage de la force prétend se justifier par l'indignation. Rien ne nous indigne davantage, en effet, que des opinions politiques différentes des nôtres. Il vaut la peine de sonder un peu ce réflexe. On ne peut le faire qu'en analysant ses propres indignations. L'on voit alors que l'indignation est le fâcheux revers de l'enthousiasme. Et d'un enthousiasme d'une nature spéciale, car il est un enthousiasme collectif. Nous avons le sentiment intime et profond d'appartenir à une communauté unanime. Nous raisonnons en « nous autres ». Nous autres socialistes, nous autres démocrates d'inspiration chrétienne, nous autres PSF, etc… Instinctivement en nous le groupe se défend. Lorsque nous nous trouvons en présence d'un inconnu, nous hésitons d'abord sur le point de savoir s'il fait partie du groupe : si, quoiqu'étranger, il est sympathisant et susceptible d'être converti ; ou bien s'il appartient à quelque groupe ennemi. Dans ce dernier cas, nous risquons de succomber à l'indignation. Ce ne sont plus deux hommes qui se font face ; ce sont deux groupes d'une espèce de nationalisme partisan qui les oppose. Je pense qu'il faut toujours, pour qu'il y ait vraiment dialogue, maintenir le débat sur le plan humain. Car, aussitôt que l'on en sort, — et rien n'est plus aisé — on tombe dans l'inhumain. Ce n'est point là du tout une vérité de La Palisse. Nous vivons, en effet, à une époque où l'on sort si facilement de l'humain qu'on ne s'en rend pas compte. La civilisation de masses que nous subissons comporte de telles servitudes. Il n'y a de dialogue véritable qu'entre deux hommes et non pas entre deux masses animées des passions également inhumaines. La démocratie consiste, entre autres choses, à mettre la politique au niveau de l'homme. On mesure sa décadence actuelle au caractère inhumain que la discussion prend un peu partout. La France est une communauté d'hommes libres. Elle est à peu près la dernière communauté d'hommes libres qui subsiste à l'heure actuelle sur le continent européen. C'est pourquoi nous entendons en elle ce bruit de ruche que font, d'un bout à l'autre du territoire, ces conversations et ces débats que les vacances n'interrompent même pas, mais qu'elles transportent seulement au bord de la mer, dans la montagne ou dans la forêt. Mais quand nous aurons établi ce dialogue sur le plan humain, il nous faudra encore le discipliner. Car tout ne peut pas, à tout moment, être remis en question. La conjoncture est trop grave pour que la France n'ait pas le devoir d'exiger des Français un minimum d'accord sur quelques points essentiels. Dans le domaine de la politique de la politique extérieure, nous avons le droit de critiquer les actes de notre gouvernement. Mais nous ne devons le faire qu'avec modération, et un véritable respect, sans oublier de quelles terribles responsabilités sont chargés les hommes au pouvoir. Il est inouï, par exemple, que des journaux qui continuent de se dire nationaux fournissent des arguments contre nous à M. Mussolini, et donnent la liste, plus ou moins exacte, des wagons chargés d'armes qui auraient franchi la frontière des Pyrénées à certaines époques. On doit savoir chez nous que la France sera attaquée le jour où certains hommes en Europe seront persuadés qu'elle est trop divisée pour se défendre efficacement. Il en est de même pour les institutions que le pays s'est données. Tout démocrates que nous soyons, nous ne fermons pas les yeux sur certaines imperfections trop évidentes. Nous croyons même que, si notre régime veut vivre, il devra se réformer au plus vite. Mais enfin, nos adversaires devraient aussi se rendre compte, d'autant mieux qu'ils se disent volontiers réalistes, que la République en France est un fait que l'on ne peut éternellement remettre en discussion. S'il ne s'agissait que de discussions académiques, sur les mérites comparés de la République et de la monarchie, ce seraient là des jeux inoffensifs, bien que plutôt vains. Mais le complot international, la calomnie infatigable sont des procédés que nous ne serons plus longtemps en mesure de tolérer. Je le dis au sens où les médecins disent que tel organisme ne peut tolérer tel aliment. Il y a là une impossibilité biologique.

Le grand défaut des Français, épris d'absolu, est qu'ils sont toujours tentés d'oublier que la politique est une chose temporelle et relative. Ce qui est vrai aujourd'hui ne le fut peut-être pas hier et ne le sera sans doute pas demain. Les institutions vivent et meurent comme les hommes. Dans un dialogue politique bien ordonné, il n'y aurait pas de réactionnaires, car ce sont les pires des utopistes. Mais il y aurait aussi un parti de la résistance et un parti du mouvement. Le parti de la résistance est le parti de ce qui existe, celui des hommes dont la tendance naturelle est de conserver le plus possible, de donner aux institutions le maximum de durée. Le parti du mouvement représente au contraire cet esprit d'inquiétude et de changement qui est inséparable de l'homme. C'est toujours à la fin le mouvement qui l'emporte, car la vie est un perpétuel renouvellement. Mais il faut que ce renouvellement ne soit pas trop rapide, et c'est à quoi sert le parti de la résistance. Cette vue sereine des choses n'empêche pas que nous conservions notre idéal, que nous cherchions à le faire passer progressivement dans le réel, et même très vite aux époques où le rythme de l'histoire s'accélère. Mais elle empêche que nous méconnaissions le rôle indispensable de ceux qui maintiennent. Ici, ce rôle n'a jamais été méconnu, et il ne pouvait pas l'être, car si les chrétiens ont plus que d'autres le sens des inévitables transformations, ils se réclament aussi de la plus vieille tradition et de la seule qui ne soit menacée d'aucune décadence. C'est à eux qu'il appartient de régler le dialogue français, de faire qu'il ne se dégrade ni en conformisme ni en guerre civile. Je suis sûr que les amis de l'aube, d'un bout à l'autre du territoire, sont prêts à donner l'exemple de ce que doivent être de libres débats dans une vraie démocratie.

Jacques Madaule

N° 1842 — 29 JUILLET 1938

Une question indiscrète

Les signes se multiplient parmi nous d'une renaissance du catholicisme français sur le plan temporel. Et nous n'y prenons pas garde et nous ne voulons pas y prendre garde, car cela dérangerait nos petites habitudes, bousculerait nos petites combinaisons et nous obligerait à réfléchir aux conditions d'une action efficace. Il suffit pourtant de se souvenir de ce qui se passe depuis deux ans et de rapprocher certains faits pour être convaincu. En 1936, il y eut d'abord le congrès jubilaire de l'ACJF, au Parc des Princes, pendant les fêtes de la Pentecôte. Il y eut ensuite, en 1937, les manifestations organisées par les syndiqués chrétiens, par les Jocistes et par les étudiants à l'occasion de l'Exposition universelle. On commence alors à comprendre que la Jeunesse catholique était chez nous, plus nombreuse, plus ardente, et mieux organisée qu'elle n'avait jamais été. Mais les sceptiques ne s'avouaient pas vaincus. Ils objectaient à ceux qui voulaient aller de l'avant : « Certes, les troupes de la conquête chrétienne sont prêtes ; mais il ne faut pas oublier que la France est anticléricale. Le message ne sera pas entendu. La semence ne sera pas recueillie. Le milieu dans lequel ces jeunes devront agir restera profondément hostile. » Les cérémonies de Reims et de Boulogne, au cours desquelles toute la France, croyants et athées réunis, s'est souvenue de sa vocation chrétienne, nous ont apporté la réponse que nous attendions. Et cette réponse est favorable. Oui, la France, inquiète des bouleversements qu'elle prévoit, lève la tête vers le ciel. Oui, elle prête attention à tout ce que font et à tout ce que disent les catholiques authentiques. Oui, elle cesse d'être hostile pour devenir hésitante. La France, une fois de plus, est à prendre ; mais, pour la conquérir, il faut accepter de courir certains risques et de faire les premières avances.

Mais, objectera-t-on encore, les catholiques ont-ils quelque chose à proposer à notre pays sur le plan temporel ? J'écris ces lignes dans la salle de presse de la Semaine sociale de Rouen. Je viens de passer huit jours à Clères, à la retraite intellectuelle qu'avait organisée M. Maurice Vaussard. Je puis dire que je suis sans inquiétude sur ce point. Jamais nous n'avons eu autant de cerveaux, jamais nous n'avons eu autant de doctrinaires, jamais une telle pléiade d'intellectuels ne s'est placée sous le signe du Christ pour construire et affirmer la doctrine du catholicisme social. Certes non, nous n'avons pas à craindre de ne pas avoir assez de choses à dire à une France désorientée. Nous aurons plutôt à prendre garde de lui dire trop de choses et des choses trop abstraites. Il est évident qu'actuellement, en France, il n'y a que deux endroits où la pensée politique (et je donne à ce qualificatif son plein sens) reste encore vivante et forte : le parti communiste et les milieux catholiques. Alors, ayant, comme chaque été, repris contact avec les foules catholiques, ayant comme chaque été, constaté la correspondance qui existe entre les conclusions du catholicisme social et les besoins du temps présent, je jette une fois encore mon appel avec l'angoisse de ne pas être compris, et je demande : les catholiques qui ont des troupes, qui détiennent les remèdes et auxquels la France recommence de s'intéresser, accepteront-ils de jouer leur chance ? Accepteront-ils ce minimum d'unité sans laquelle il n'est pas d'action temporelle efficace ? Préféreront-ils laisser à d'autres, qui seront inévitablement des païens, le soin de risquer et de vaincre ?

Georges Hourdin

N° 1842 — 29 JUILLET 1938

La politique anglaise

La politique anglaise donne aujourd'hui au monde un spectacle assez déconcertant. Elle tâtonne, elle improvise, elle se contredit : le tout avec une sérénité fière et la plus totale indifférence à ce que sur le continent on appelle la logique. Cet empirisme qui est poussé parfois jusqu'aux lisières de l'incohérence, cette hostilité instinctive à toute idée préconçue, cette habitude de parler, non pas avant, de possible et d'impossible, mais, après, de réussite ou d'échec : ces traits ne sont pas nouveaux dans le tempérament britannique, mais avouons que M. Chamberlain a fortement augmenté la dose.

Avouons aussi que les méthodes de nos amis d'outre-Manche ne sont pas considérées en France avec une parfaite tranquillité d'esprit. Les Français n'attendent pas des autres peuples qu'ils pratiquent au milieu des contingences et des complexités de la vie politique les rigueurs d'une discipline cartésienne, mais quand ils se heurtent à l'impossibilité de comprendre, ils ont assurément le droit de le dire et celui de marquer leur inquiétude. On annonce le retour de Londres d'un homme de confiance du führer, qui serait chargé de négocier dans le tête-à-tête un rapprochement anglo-allemand. La nouvelle est d'importance. Les perspectives, qu'elles soient ou non étendues, ne sont pas toutes agréables. Entendons-nous bien : nul ne songe à contester la loyauté du gouvernement britannique. Qui pourrait d'ailleurs la contester chez nous ? Ce ne sont pas les partisans traditionnels de l'alliance anglaise et ce ne sont pas non plus les anglophobes qui sont pour l'instant les admirateurs décidés de M. Chamberlain. Ce n'est pas assurément au lendemain des splendides fêtes de Paris pour la visite des souverains britanniques qu'un soupçon sur ce point aurait chance de s'accréditer. Nous ne doutons pas des intentions excellentes, ni de l'amitié fidèle. Nous craignons des abandons qui, pour être unilatéraux, n'en seraient pas moins irréparables. Pour tout dire, nous redoutons que des gens qui sont connus pour tenir leur parole s'engagent témérairement envers des gens qui, depuis des années, ont régulièrement manqué à la leur.

L'Angleterre doit prendre garde à l'utilisation qu'une vigilance adverse risque de faire de ses bonnes intentions. On dit déjà un peu partout que lord Runciman est chargé d'empêcher l'agression hitlérienne sur la Tchécoslovaquie en la rendant superflue. On dira demain pire encore, et la paix en sera plus menacée. Est-ce donc qu'il faut se refuser à des conversations avec les États totalitaires ? Non, cent fois non. Nous avons toujours réclamé ces conversations. Mais pourquoi ces conciliabules dans les coins ? Et pourquoi les uns ne veulent-ils jamais causer avec tout le monde et les autres acceptent-ils de causer seuls à seuls ? L'Allemagne a déjà fait un trop dangereux usage de ces colloques plus ou moins mystérieux dans lesquels elle sépare les uns des autres ceux qu'elle menace en commun pour qu'il ne soit pas urgent d'aviser.

Georges Bidault

N° 1847 — 25 AOÛT 1938

La France consacrée

Le 15 août dernier, dans une petite église des monts du Lyonnais, j'ai assisté au renouvellement du vœu de Louis XIII. C'était la grand-messe et elle ne s'acheva pas sans que le chantre eût entonné le *Domine salvam fac rempublicam*. Ainsi s'affirmait dans un double symbole une remarquable continuité. Lorsque, en 1638, le fils d'Henri IV consacrait la France à Notre-Dame, sans doute voyait-il plus loin que l'intérêt de sa dynastie. De toute façon, ce geste du souverain dépassait par sa portée ses circonstances historiques. C'est pourquoi il conserve, trois siècles plus tard, toute sa signification. Et il rejoint tout naturellement cette prière pour la République que l'Église reprend chaque dimanche.

Un roi a placé notre pays sous la protection de la Mère de Dieu. Au moment où certaines nations se réclament, par la voix de leurs chefs, d'idéologies antichrétiennes, le peuple fidèle de chez nous —

peuple libre — répète la formule tricentenaire de consécration. Tous ceux, croyants ou incroyants, qui tremblent pour l'avenir des valeurs spirituelles et pour le sort de la liberté, désormais étroitement liés, ne peuvent être insensibles à ce contraste.

Il ne s'agit pas de se griser de mots sonores. Parler d'une vocation de la France en l'amputant dans un sens ou dans l'autre, en méconnaissant les devoirs qu'elle comporte ou en oubliant les faiblesses présentes et les fautes passées de notre pays, c'est tenir de vains propos, et dangereux parce que vains. Mais si nous savons embrasser du regard toute l'étendue de cette mission, si nous comprenons qu'elle doit réaliser la synthèse de la tradition et des temps nouveaux, alors n'hésitons pas à nous faire les Pierre l'Ermite de cette nouvelle croisade. Qu'attend-on de la France ? Qu'elle montre au monde la possibilité d'une civilisation qui associe le respect des libertés individuelles aux obligations de la solidarité sociale ; qu'elle maintienne contre les stupides racismes le sens de l'égalité foncière des hommes et le goût de l'universalité. Mais toutes ces idées que certains croient issues des « grands principes » ne sont-elles pas avant tout chrétiennes ? La mission de la France exige donc la réconciliation des deux France, de celle qui demeure intégralement fidèle au baptême de Reims et de celle qui, ayant fondé la République, a cru trop longtemps que son avenir devait être dissocié des fondements spirituels de la nation.

Cette réconciliation est en voie d'être assurée, mais elle est insuffisante. Ce n'est pas l'effet du hasard si le destin de notre pays présente une unité profonde, en dépit de certaines coupures plus apparentes que réelles. Il faut être totalitaires à notre manière, c'est-à-dire qu'il nous faut comprendre que nous sauverons tout notre patrimoine, si nous, les héritiers, nous nous refusons à distinguer entre les champs et les prairies, entre la vigne et la forêt. N'en écartons que la ronce et l'herbe malfaisante, qui veulent pousser leurs racines de haine là où il ne doit y avoir que compréhension et collaboration.

Ah ! si les Français étaient convaincus qu'ils n'ont pas besoin de ce choix imbécile entre fascisme et communisme, parce qu'ils possèdent le secret d'une formule bien plus originale et infiniment plus noble ! Qui les convaincra ? Qui saura le mieux établir la liaison entre les forces toujours neuves du passé et les orientations inévitables de l'avenir ? Qui doit pouvoir le mieux sentir en soi toute la plénitude de cette mission de la nation française ? Qui donc, sinon les hommes de notre esprit qui se sont volontairement placés au carrefour des idéals ? Qui les convaincra, ces Français ignorants du métal pur et solide dans lequel ils pourraient forger la clef d'un meilleur avenir ? Nous-mêmes, si nous savons en prendre les moyens. Vers la conquête, tous nos efforts vont tendre désormais. Et à cette conquête, l'aube entend convier tous ses amis, parce qu'ils peuvent la réussir s'ils le veulent. Mais la conquête ne s'improvise pas, elle a ses bonnes et ses mauvaises méthodes. C'est à définir les premières, tant en précisant nos objectifs, que nous consacrerons notre Congrès d'octobre prochain. Dès maintenant, travaillons à le bien préparer.

Louis Terrenoire

N° 1848 — 26 AOÛT 1938

Le fédéralisme, facteur de paix ?

Il est impossible de n'être pas frappé de l'analogie que présente la situation actuelle de la Tchécoslovaquie en face des revendications sudètes avec celle de l'Autriche-Hongrie à la veille du conflit européen. Dans la double monarchie, déjà constituée sur une base fédérale, quelques personnalités clairvoyantes, au premier rang desquelles se plaçait l'archiduc héritier, jugeaient le moment venu de faire à l'élément slave une place égale à celle de la Hongrie et de transformer le royaume des Habsbourg en monarchie trialiste, tandis qu'une forte poussée centrifuge, alimentée par la propagande serbe incitait au contraire les Slaves d'Autriche-Hongrie à se révolter contre leurs maîtres pour se réunir à leurs frères de race ? Lequel des deux courants gagnerait l'autre de vitesse ? L'attentat de Sarajevo trancha la question par la violence et déclencha une guerre générale.

Allons voir se répéter la même tragédie, à propos des divisions raciales tchécoslovaques ? Avec toute la sympathie que mérite la nation tchèque pour son courage, sa fidélité à ses alliances et ses longues épreuves, disons qu'on peut le craindre à bon droit devant la lenteur de ses hommes d'État à prendre la mesure que paraît exiger la situation de leur pays et l'intérêt commun de l'Europe. Ce n'est aucunement se ranger parmi les « heinleinistes » ni approuver les procédés d'intimidation du Reich que d'estimer dérisoire le fait de mettre à la disposition des trois millions et demi d'Allemands des Sudètes qui réclament l'autonomie, sept places de directeurs des postes ! Avec de pareils gestes — il faut le lui dire en toute amitié —, le gouvernement de Prague affaiblit sans profit sa position et son prestige.

Un esprit aussi mesuré que M. Wladimir d'Ormesson regrettait récemment dans *Le Figaro* que, dès l'origine du conflit intérieur qui déchire la Tchécoslovaquie, ses gouvernants ne se soient pas tournés vers la Suisse pour lui demander des conseils et des exemples, plutôt que — beaucoup plus tard — vers un médiateur anglais, si autorisé qu'on le suppose. La justesse de cette remarque ne paraît pas douteuse et les journaux français qui soulignent complaisamment à l'heure actuelle les différences — considérables en effet — de la situation suisse avec la situation tchécoslovaque n'ont que le tort — mais il est capital ! — de raisonner comme si toute cette querelle avait seulement une portée académique et ne menaçait pas de destruction la civilisation européenne tout entière. Sans doute, la Tchécoslovaquie, depuis l'Anschluss, n'est pas entourée de voisins dont les forces s'équilibrent et résisterait beaucoup plus difficilement que la Confédération helvétique à l'influence allemande : sans doute encore, la dispersion des populations sudètes sur tout le pourtour des frontières de Bohême en rend-elle l'autonomie administrative particulièrement délicate et même dangereuse. Mais n'est-ce pas un danger pire que de garder, dans un État unitaire en théorie, une minorité compacte et irréconciliable, maîtresse des plus grandes industries de l'État, au contact de ses frontières les plus menacées ? Il faut voir la situation telle qu'elle est. La Tchécoslovaquie — ayant déjà commis la faute insigne et irrémédiable de s'opposer toujours à une restauration des Habsbourg en Autriche — ne peut pus refuser une assez large autonomie administrative aux Allemands des Sudètes, sur une base nettement fédérale, qu'au prix d'une guerre européenne supposée victorieuse pour elle et ses alliés. Ceux-ci sont tout de même en droit de lui donner — comme ils l'auraient été en 1914 à la Serbie (et à la Russie) avant que l'irréparable fût accompli — des conseils et même des consignes de prudence qui se confondent ici avec la sagesse. Au reste, si une centralisation d'allure napoléonienne est aujourd'hui ressuscitée artificiellement par des dictatures totalitaires en certains pays — telles l'Italie et l'Allemagne — dont toute la tradition s'est développée dans le respect des glorieuses autonomies locales, c'est un fait que le régime fédéral est non seulement celui qu'ont librement choisi la plupart des États démocratiques ou autoritaires de création récente (républiques américaines, Dominions britanniques, URSS, etc…) mais que c'est en s'en rapprochant dans une large mesure que la Belgique elle-même a diminué chez elle l'acuité du problème flamand. Il y a là, avec des différences de « climat » qui ne nous échappent pas, bien entendu, une leçon dont un État démocratique comme la Tchécoslovaquie aurait le plus réel intérêt à s'inspirer.

Maurice Vaussard

N° 1851 — 30 AOÛT 1938

Nous qui avons la foi

Nous savons pourquoi nous sommes démocrates : parce que le régime des partis, si calomnié, nous défend contre le régime d'un parti ; parce qu'il empêche un parti de s'emparer de l'État ; parce qu'il met l'État au-dessus des partis. Nous savons pourquoi nous sommes sociaux : parce que le recul constant et jamais définitif de l'injustice sociale est la condition de cet ordre en mouvement, toujours menacé et toujours renouvelé, que nous avons coutume d'appeler progrès. Nous savons pourquoi nous voulons une politique de fermeté internationale et la présence de la France au monde ; parce que ce n'est pas en nous repliant sur nous-mêmes et en n'intervenant nulle part que nous nous défendrons contre ceux qui interviennent belliqueusement partout, la paix, l'Europe et toutes les patries.

Mais les raisons les plus évidentes doivent servir à autre chose qu'à nous immobiliser dans l'inerte satisfaction d'avoir raison. Elles doivent nourrir et éclairer une foi qui leur donnera en retour une chaleur vivante et créatrice. C'est la foi qui d'une idée vraie fait un idéal assez émouvant pour inspirer l'action et emporter la victoire. Le meilleur, pour devenir un jour le réel, a besoin non seulement d'être vu et pensé par des esprits clairs, mais aussi d'être cru et vécu par des âmes ardentes. Or, nous avons la foi. Il ne s'agit pas ici de la foi dogmatique et surnaturelle de l'Église, qui reste d'un autre ordre ; mais dans notre foi politique, qui ne reconnaîtrait comme un rayon lointain de notre foi religieuse ? Croirions-nous que toute réforme moralement juste est un jour matériellement possible, si nous n'étions certains du gouvernement divin du monde ? Même nos amis incroyants, s'ils pouvaient lire assez profond en eux-mêmes, y découvriraient cette croyance secrète que, dans sa lutte généreuse contre le mal, discorde, guerre, injustice, l'homme, s'il est sincère n'est jamais seul et que la bonne volonté est toujours aidée. L'efficacité de la foi a toujours été une preuve de la Providence.

Mais pour avoir conscience de ses sources divines, notre foi politique n'est pas cette chimérique passion du parfait, aveugle aux ressources du présent et qui calomnie tout ce qui existe. Aussi ne tombons-nous pas dans le travers de certains bons esprits constructeurs théoriques d'un ordre nouveau et qui condamnent nos démocraties en même temps que les régimes totalitaires. Il est vrai qu'il est de la nature d'une démocratie d'être toujours imparfaite, c'est-à-dire en partie fictive et décorative ; d'être un esprit qui ne cesse d'être au-delà de ses propres réalisations. Mais une démocratie, même rongée et faussée d'injustices sociales et de dictatures financières partielles, nous laisse cependant une plume pour discuter, une parole pour convaincre, une liberté pour créer. Ce n'est rien si nous abdiquons et c'est tout si nous voulons. Nous savons bien que la démocratie est le régime qui implique le plus de risques, précisément parce qu'il est dans le sens du plus grand progrès. Nous savons qu'il complique les problèmes d'autorité et de décision ; qu'il est pour les partis politiques une tentation perpétuelle soit d'installation confortable, soit de facile démagogie. Si l'institution dictatoriale corrompt presque inévitablement les hommes, l'institution démocratique est de celles qui se laissent le plus facilement corrompre ou vivifier par les hommes. Aussi la démocratie, pour devenir ce qu'elle est, a-t-elle besoin de notre foi, de notre exemple.

Car la foi suffit pour transformer les hommes sans qu'ils s'en doutent, en créant un climat spirituel, propice aux renouvellements généreux. Avez-vous besoin de voir un peu pour croire beaucoup ? Réfléchissez aux deux dernières années d'espérance inquiètes que nous venons de traverser et demandez-vous si La Rocque et ses amis seraient devenus, selon la belle parole de Lacretelle, « des déserteurs de la guerre civile », si des révolutionnaires avaient eu ce sens de l'égalité qui les a honorés, sans l'action qui a été menée ici et ailleurs contre la politique des deux Blocs, pour la réconciliation nationale et pour le respect de la loi, à un moment où il fallait de la foi pour espérer contre la raison ?

Notre foi a donc agi dans le passé ; elle agira davantage dans l'avenir. Je voudrais que notre Congrès de novembre soit le Congrès de la foi, de la foi enthousiaste et conquérante. Certes, nous ne manquerons pas de nous dire nos raisons qui sont plus éclatantes que jamais. Mais nous les redirons avec cet accent qui est le propre de la foi. Peut-être les événements extérieurs seront-ils aussi menaçants qu'aujourd'hui. Mais l'angoisse ne nous enlèvera pas un atome de notre foi.

Quand bien même nous serions balayés par la guerre civile ou la guerre étrangère, il faudra bien que cessent un jour les horreurs et les servitudes ; il faudra bien réconcilier et reconstruire, et, ce jour-là, nos idées seront présentes, si nous, si notre foi a su les transmettre assez vivantes. La foi, c'est la certitude d'une victoire, qui sera toujours notre victoire puisqu'elle sera la victoire de nos idées. Il ne nous est pas demandé de préférer au succès l'orgueilleux honneur de servir en vain. Nous avons la foi : nous sommes déjà des bâtisseurs et des triomphateurs.

Voulez-vous une preuve de cette inévitable victoire, preuve qu'ils n'aperçoivent pas parce qu'ils n'ont pas la foi ? Y a-t-il en France une équipe d'hommes, une amitié d'hommes plus défigurés, plus calomniés que notre équipe, que notre amitié ? On invente des trahisons et on forge des hérésies : c'est le sort, l'histoire en témoigne, de tous ceux qui allaient renouveler un monde épuisé. Ah ! Si nous voulions faire écho à leurs prudences fatiguées, défendre leurs peurs égoïstes ou leurs intérêts en faillite, comme nous serions fêtés et honorés ! Mais nous ne pouvons pas, nous avons la foi, c'est-à-dire la sereine impatience des forts qui, dans la nuit et la contradiction, édifient une cité de lumière et d'unité.

Étienne Borne

N° 1852 — 31 AOÛT 1938

Le nationalisme « exagéré »

Dès sa première encyclique, le pape Pie XI a condamné le nationalisme exagéré ; maintenant, la condamnation a été plus forte, et espérons-le pour tous les catholiques, définitive. On se demande pourquoi l'Église a condamné tout court le libéralisme, le socialisme, le communisme, tandis que pour le nationalisme, elle se borne à condamner ce qui est exagéré, admettant ainsi un nationalisme orthodoxe en quelque sorte. En cas d'erreurs, l'Église ne crée ni les mots ni leur signification par le fait même que l'Église ne peut engendrer aucune erreur. Pour se défendre de celles qui naissent parmi les chrétiens, l'Église doit employer les mots dans leur signification courante. Le mot libéralisme vient en effet de liberté (que l'Église ne peut pas ne pas admettre parce qu'elle est un don de Dieu), mais il en exprima à un moment historique une exagération, ce fut la signification courante parce que le libéralisme se basa sur l'autonomie non seulement politique, mais morale et religieuse de l'homme, ce qui était un excès de liberté.

On peut dire de même du socialisme (de société) et du communisme (de communion ou communauté), au point de vue des rapports économiques, présentés comme les seuls vrais rapports humains absorbant en eux tous les autres. L'exagération est dans la signification, soit-elle arbitraire, donnée au mot. Et les mots ont cours comme les monnaies : la fausse chasse la bonne. Le nationalisme se présenta sous un visage bénin. Bien que la désinence en isme indique déjà une tendance, une théorisation, un système, on l'a fait passer comme la signification de l'amour et de la défense légitime de la nation. Un motif à fond politique et social a contribué à présenter le nationalisme comme un système de défense contre le socialisme et le communisme, qui étaient alors internationalistes, pacifistes et partisans de la lutte — des « classistes » au cent pour cent.

C'est pour cela que le nationalisme eut facilement droit de cité auprès de maints catholiques, parce qu'il se présentait comme défense des intérêts de la bourgeoisie. Quoi qu'il en soit, puisqu'un certain nationalisme est, dans le langage courant, jugé légitime, le Pape, pour le frapper, a dû inventer un adjectif qui en qualifiât l'excès : nationalisme exagéré.

Ici on se demande : Où finit le nationalisme légitime, même orthodoxe, et où commence l'exagéré ? Les exégètes ne manquent pas, mais non seulement ils sont d'accord, mais il ne semble pas qu'ils aient trouvé la base solide d'un critère philosophique et éthique. Nous ne prétendons pas l'avoir trouvé, en criant l'eurêka d'Archimède, nous voulons seulement contribuer à la discussion en avançant quelques idées. La signification actuelle du mot nation a deux origines : la française de la Révolution à caractère démocratique et rationaliste, quand la nation française fut mise en face, et même opposée à la monarchie de Louis XVI, et la germanique de la nation antinapoléonienne, celle des lettres de Fichte à la nation allemande, de caractère mystique et « volontariste ». En substance, le nationalisme français tendait à la prise de conscience politique des Français dans l'ordre intérieur, le nationalisme allemand s'affirmait de l'intérieur à l'extérieur, vis-à-vis de l'envahisseur présent ou futur, sous le principe d'une âme, d'une volonté mystique.

La nation italienne existait avant le « *Risorgimento* » comme entité historique, culturelle et morale, mais pas sur le plan politique. Une fois l'unité politique obtenue avec révoltes et guerres, elle s'efforça d'arriver à une homogénéité intérieure éthico-politique (période libérale et populaire). Aujourd'hui, sous le fascisme, elle cherche une homogénéité d'âme pour s'étendre à l'extérieur et s'imposer aux autres. L'Italie a eu ainsi une période rationaliste et maintenant la période mystique. La Suisse s'appelait Confédération helvétique, maintenant, on parle couramment de nation suisse. Il ne s'agit ni d'un peuple homogène ni d'une nation en voie de devenir homogène, parce qu'elle n'en a ni la possibilité ni les avantages. Il n'y a pourtant pas un nationalisme helvétique, mais seulement une nation suisse.

La Belgique est, elle aussi, une nation à deux langues, mais malheureusement, ses divisions linguistiques compromettent le caractère de l'unité nationale parce que le nationalisme opère sur le plan de la nationalité et non sur celui de la politique. Entre parenthèses : ne confondons pas avec l'idée de nation celle des nationalités qui composent un État et revendiquent certains droits culturels ou économiques. Le principe auquel fait appel une telle défense n'est pas le nationalisme dans la signification courante, mais bien le nationalitarisme, c'est-à-dire le droit de nationalité, qui peut contenir ou pas des idées nationalistes, soient-elles exagérées ou non. Par exemple : la question sudétique est par elle-même une question de nationalité ou de minorités nationales sur le plan culturel et économique ou administratif. Mais le mouvement de Heinlein s'est emparé de cette question et l'a transportée sur le plan nationaliste, soit pour des revendications racistes, soit à cause de son caractère irrédentiste qui contient, somme toute, toute l'agitation présente. On peut y trouver quelque ressemblance avec le nationalisme flamand extrémiste.

Les termes ainsi fixés, nous trouverons le point de démarcation du nationalisme légitime et du nationalisme exagéré.

Premier moment — Une nation s'efforce de prendre conscience d'elle-même comme peuple avec ses traditions, sa culture et sa vie propre. Personne ne peut en nier la légitimité : qui s'y oppose a le tort d'empêcher que d'autres arrivent où les opposants sont arrivés : c'est le cas des Ukrainiens en Pologne, de ceux qui ne veulent pas attenter à l'État polonais, qui exigent la reconnaissance de leurs propres droits, spécialement du rite grec, soit-il catholique ou orthodoxe. Ce fut le cas de l'Irlande de l'*Home rule* et du *Free State*. Mais si la nation sape l'existence même de l'État, par déloyauté, si elle tend à désagréger l'unité du pays, elle viole les droits des autres sous prétexte de sa propre défense.

Second moment — La nation formée, consciente, forte, tend à l'expansion de ses propres forces. Si cette expansion est sans dommages pour les autres, elle peut être un nationalisme acceptable à examiner cas par cas. Mais si l'expansion est faite en brimant les droits d'autrui, il s'agit d'un nationalisme exagéré.

En conclusion, là où, pour former, affirmer et répandre une nation, on viole les principes de justice et d'amour du prochain, brimant ou minimisant les droits d'autrui, il y a là un nationalisme exagéré ; la mesure d'un tel jugement est strictement morale et non politique. Selon la politique, le nationalisme peut être réel ou fictif, basé sur l'histoire ou imaginaire, organique ou anarchique, ainsi de suite. Mais c'est seulement du point de vue moral que l'Église peut admettre le nationalisme comme légitime ou le condamner comme « exagéré ».

Les catholiques ont toujours à leur disposition cette mesure éthique de leurs pensées, de leurs actions et aussi de leurs omissions et de leurs responsabilités, non seulement dans les cas personnels, mais encore dans les cas collectifs : « La justice et l'amour du prochain. »

Luigi Sturzo

TABLE DES MATIÈRES

CPSIA information can be obtained
at www.ICGtesting.com
Printed in the USA
JSHW021947190819
1139JS00001B/32

9 781925 438055